Voltigieren –
Unser Sport

Voltigieren – Unser Sport

Von den Anfängen bis zum Turnier

Von Andrea Titzmann

Copyright © 2002 by Cadmos Verlag GmbH, Lüneburg

Gestaltung: Ravenstein + Partner, Verden

Titelfoto und Innenfotos: Krenz

Druck: Westermann Druck, Zwickau

Alle Rechte vorbehalten.

Abdrucke oder Speicherung in elektronischen
Medien nur nach vorheriger schriftlicher
Genehmigung durch den Verlag.

Printed in Germany.

ISBN 3-86127-529-5

Inhalt

1 Allgemeines
zum Thema **Voltigieren**

Hallo!

Schön, dass du dich für das Voltigieren interessierst. Vielleicht voltigierst du ja schon in einer Spielgruppe oder auch in einer Turniergruppe. Auf jeden Fall bist du hier goldrichtig!

Dieses Buch hilft dir, eine noch bessere Voltigiererin oder ein noch besserer Voltigierer zu werden, und vermittelt dir eine Menge Hintergrundwissen. Du erfährst viele Tipps und Tricks von zwei- und vierbeinigen Volti-Profis, damit auch du ein richtiger Voltigier-Insider wirst.

Ich erzähle hier über alle Themen rund ums Voltigieren, angefangen vom Umgang mit den Pferden und der Pflege und Vorbereitung für die Voltigierstunde sowie über die Grundübungen, die du beherrschen solltest. Daneben gibt es Gymnastikübungen, die deine Grundübungen besser machen, und Übungen am Übungspferd. Sicherlich gibt es eine Vielzahl von Gymnastikübungen. Darunter sind aber viele, die du nur unter Aufsicht ausführen solltest, weil sie dir bei falscher Ausführung mehr schaden als nützen. Ich habe Übungen herausgesucht, die du gut alleine zu Hause oder in der Voltigierstunde machen kannst. Einen weiteren Teil des Buches habe ich dem Voltigierturnier gewidmet. So weißt du schon vor deinem ersten Turnierstart, wie alles abläuft.

Hallo, ich bin Lukino!

Hi! Ich bin Lukino. Ich bin das Voltigierpferd der D-Gruppe des Pferdehofs Albuch. Ich werde euch aus Pferdesicht viel zum Thema Voltigieren erzählen. Zum Voltigierpferd wird man übrigens nicht, weil man zu einer besonderen Rasse gehört oder einen tollen Stammbaum hat. Bei uns Voltigierpferden zählen nur die inneren und auch ein paar äußere Werte (deshalb bin ich im Nebenberuf auch Fotomodell ...)!

Allerdings: Voltigieren lernt man nicht nur durch Bücherlesen (obwohl es bestimmt hilft). Einen guten Voltigierunterricht kann das beste Buch nicht ersetzen, es kann allenfalls Anregungen bieten und Vorschläge machen. Also: Üben, üben, üben ...

Für alle Kinder und Jugendlichen gibt es geeignete Gruppen, seien es Spiel-, Breitensport- oder Turniergruppen.

Wenn du mit dem Voltigieren anfangen willst, frag doch einfach in Pferdesportvereinen oder Reitställen in deiner Gegend nach den Voltigierstunden und schau dem Unterricht zusammen mit deinen Eltern einmal zu. Du selbst hast am besten im Gefühl, ob dir das Training und der Ausbilder gefallen, ob die Voltigierer freundlich und nett zu Neuen sind und ob dir die gesamte Stimmung in der Gruppe zusagt. In den meisten Vereinen kann man ein paar Mal auf Probe mitmachen, bevor man sich endgültig entscheidet. Egal ob du Interesse am Leistungs- und Turniervoltigieren hast oder in einer Breitensportgruppe ohne Turnierambitionen mitmachen willst, du findest sicher eine passende Gruppe. Lass dich nicht entmutigen, wenn du nicht so sportlich bist. Voltigieren lernen kann jeder!

Ein Hauptgrund, warum das Voltigieren so viel Spaß macht, ist sicherlich unser vierbeiniger Sportkamerad. Lukino kennst du ja bereits. Es ist ein tolles Gefühl, mit einem so großen, starken Tier zusammen zu sein und auf ihm die Übungen zu machen. Aber es gehört ja noch viel mehr dazu: Führen, Putzen, Pflegen, Schmusen ...

Informationen
für interessierte **Eltern**

2

Das Voltigieren ist eine sehr alte Sportart. Alle Reitervölker von der Antike (Perser, Hunnen, Awaren, Skythen und auch die Römer) über das Mittelalter (bewaffnete Reiterei mit Ausnahme der Ritter, die natürlich in ihren Rüstungen ziemlich festsaßen) bis hin zur Neuzeit (Kavallerieschulen des 17. bis 19. Jahrhunderts) beherrschten Geschicklichkeitsübungen wie Auf- und Abspringen vom galoppierenden Pferd.

Aus diesen Übungen entwickelte sich Anfang des 20. Jahrhunderts das Kunstreiten für junge Kavalleristen.

Im Jahr 1920 war dieses Kunstreiten sogar im Programm der Olympischen Spiele in Antwerpen, damals selbstverständlich noch in voller Uniform, lediglich der Säbel wurde vorher abgelegt.

Das heutige Voltigieren entstand gegen Ende der 50er-Jahre des 20. Jahrhunderts und wurde langsam zu dem Wettkampf- und Breitensport, der es heute ist. Das Voltigieren mit allen seinen Facetten ist heute eine eigenständige Pferdesportart neben Reiten und Fahren, aber auch gleichzeitig ein prima Einstieg in den Reitsport.

Das sprichwörtlich tragende Element ist das Pferd, ohne dessen Mitarbeit dieser Sport nicht möglich ist. Die Anforderungen an das Voltigierpferd sind außerordentlich hoch und die Ausbildung dauert mit aller Sorgfalt mehrere Jahre. Bei der Arbeit steht das Miteinander von Voltigierern, Longenführern und Pferd im Mittelpunkt. Die Ausbilder achten auf den richtigen Umgang der Kinder mit dem Pferd, nicht nur beim Voltigieren selbst, sondern auch beim Führen und Putzen des Pferdes und dem Umgang mit dem Pferd allgemein.

Das Voltigieren verbindet in idealer Weise das Interesse von Kindern und Jugendlichen an Pferden mit einer vielseitigen Bewegungserziehung. Mit jeweils altersgemäßen Anforderungen werden so elementare Dinge wie Gleichgewicht, Sprungkraft, Körperspannung von Kopf bis Fuß, Kraft und Ausdauer trainiert, verbunden mit viel Spaß an der Bewegung und am Spiel. Auch der soziale Aspekt ist wichtig. Die Gruppen sind altersmäßig gemischt, es sind Jungen und Mädchen dabei. Wichtig ist, dass die Großen den Kleinen helfen, die Stärkeren den Schwächeren und dass jedes Kind mit den Fähigkeiten, die es mitbringt, von der Gruppe angenommen wird.

Es ist völlig unwichtig, ob sich die Voltigierer für den Turniersport oder den Breitensport entscheiden. Beides hat seine Daseinsberechtigung. Der Spaß sollte selbstverständlich immer im Vordergrund stehen, aber eine gewisse Leistungsbereitschaft und der Wille, sich durch konsequentes Training zu verbessern, muss bei Turniervoltigierern egal welcher Leistungsklasse vorhanden sein. Ist dies nicht wirklich der Fall, ist es sicherlich besser, der Voltigierer bleibt in der Spiel- oder Breitensportgruppe. Auch dort wird gute Arbeit für alle Kinder und Jugendlichen geleistet.

3   Kein Sport im stillen Kämmerchen ...

Während bei den Voltigierturnieren alles ganz streng nach den Vorschriften der Deutschen Reiterlichen Vereinigung (FN) und des jeweiligen Landesverbands zugeht, sind die Voltigiertage oder Voltigiertreffen eher locker.

Es gibt viele Spiele und oft auch Wettbewerbe, die nur indirekt mit dem Voltigieren zu tun haben. Meist können dabei auch die Eltern oder Betreuer mitmachen.

Beim Voltigiertag dürfen sich die Gruppen oft kostümieren oder schminken und treten unter einem bestimmten Motto auf. Das macht allen besonderen Spaß.

In jedem Jahr werden überall in unserem Land viele Voltigiertage und Voltigierturniere veranstaltet. In den meisten Bundesländern gibt es auch Voltigierzeltlager in den Ferien. Erkundige dich bei deinem Verein oder deinem Trainer danach.

Was ziehst du zum **Voltigieren** an?

4

Weil du dich beim Voltigieren viel bewegst, muss deine Kleidung bequem sein und darf dich nicht einengen oder behindern. Deshalb sind Jeans nicht geeignet.

Im Sommer sind Leggins oder Radlerhosen gut, auch ein Gymnastikanzug kann getragen werden.

Allerdings musst du in Kunstfaseranzügen ziemlich schwitzen, Baumwollleggins sind deshalb besser. T-Shirt oder Top müssen anliegen oder in die Hosen hineingestopft werden, damit sich keine Kleidungsstücke am Gurt verheddern können. Im Winter kannst du unter deinen Leggins oder Jogginghosen lange Skiunterwäsche tragen, über die Hosen kommen noch Strickstulpen. Das hält dann schön warm. Auch Pullis oder Sweatshirts sollten eng anliegen.

Es gibt spezielle Voltigierschläppchen mit Querrillen, die dir beim Stehen helfen sollen, das Gleichgewicht zu halten. Ganz normale Turnschläppchen erfüllen aber den gleichen Zweck. Im Winter kommen zwei paar Socken in die Schläppchen.

Wenn du lange Haare hast, bindest du sie am besten zu einem Zopf oder Pferdeschwanz zusammen. Es tut ziemlich weh, wenn ganze Haarbüschel am Gurt hängen bleiben und ausgerissen werden. Voltigierer tragen beim Training und im Wettkampf nie Schmuck, egal ob Uhren, Ohrringe, Kettchen und so weiter. Auch Kaugummi gibt es erst wieder nach der Voltigierstunde.

Tipp vom Profi:

Im Winter ziehen wir Fellhausschuhe an (gibt es oft auf Weihnachtsmärkten) mit Schaffell innen und weichem Leder außen, oft mit Schnürsenkeln zum Binden. Das sieht zugegebenermaßen nicht sehr elegant aus, ist aber besser als steif gefrorene Zehen.

Wenn ihr nicht gerade auf dem Pferd seid oder Gymnastik macht, sind zum Draufstehen im Winter Isomatten geeignet. Da bleiben die Füße schön warm.

Wettkampfkleidung

Im Wettkampf tragen alle die gleichen Gymnastikanzüge, je nach Vorliebe der Gruppen ein- oder zweiteilig. Viele Hersteller fertigen

Tipp vom Profi:

Macht vor eurem ersten Turnierstart in Kategorie D bei einigen Voltigiertagen mit. Das gewöhnt dich, die anderen Voltigierer und auch euer Pferd an Auftritte vor Publikum und an Applaus.

Fahrt vor eurem ersten Turnierstart als Zuschauer aufs Turnier. Schaut euch die Gruppen in eurer Leistungsklasse genau an: Welche Anzüge findet ihr schön? Wer hat die tollsten Frisuren? Auch für eure Kür könnt ihr hier manche Anregung finden! Wie ist die ganze Atmosphäre? Was hat euch am besten gefallen?

Flechtzöpfe, Pferdeschwänze oder Knoten: was gefällt dir am besten?

Tipp von einem Hersteller von Gymnastikanzügen:

Helle Farben wirken freundlicher als dunkle. Dunkle Farben überspielen aber manches kleine Pölsterchen der Voltigierer. Die Anzugfarbe muss auch zum Pferd passen. Besonders auffällige Anzüge mit grellen Farbkombinationen oder mit Glitzerstoffen empfehle ich nur für die wirklich guten B- und A-Gruppen.
Für Turniereinsteiger rate ich zu nicht so auffälligen Anzügen. Ein Streifen entlang der Arme und Beine lässt diese im Wettkampf gleich viel gestreckter und gespannter wirken. Schön sind farblich zum Anzug passende Haarbänder und Startnummern. Schwierig ist die Wahl des Ausschnitts, wenn Jungen in der Mannschaft sind. Wichtig ist, dass sich alle in der Gruppe in ihrem Anzug wohl fühlen.

nach eigenen Entwürfen der Gruppen Trikots in den gewünschten Farben. Der Fantasie sind hier keine Grenzen gesetzt!

Es empfehlen sich extra Turnierschläppchen, da die Trainingsschläppchen meist nicht sehr ansehnlich sind. Viele Gruppen lassen sich für das Turnier die gleichen Frisuren flechten und stecken.

5 Gruppen, Alter und Größe

Hier findest du eine Übersicht, welche Voltigiergruppen es gibt, wie groß diese im Idealfall sind und ab welchem Alter du mitmachen kannst. Außerdem gibt es noch die Einzel- und die Doppelvoltigierer. Das sind meist die besonders talentierten und engagierten älteren Mitglieder einer Voltigiergruppe oder Voltigierer, die aus Altersgründen aus der Mannschaft ausscheiden müssen.

GRUPPE	ALTER	GRUPPENGRÖSSE	WETTKÄMPFE
Spielgruppen	ab circa vier bis sechs Jahren	acht bis zehn Voltigierer	Volti-Tage
Breitensportgruppen	ab circa acht Jahren	zehn bis zwölf Voltigierer	Volti-Tage, Schritt-Turniere (je nach Bundesland)
D-6-Gruppen (Turniereinsteiger, gibt es nicht in allen Bundesländern)	beliebig (Höchstalter zurzeit 18 Jahre, das kann sich allerdings bei der nächsten APO-Änderung verändern)	Meldung auf dem Antrag für Gruppenausweis: zwölf Voltigierer, starten dürfen sechs und ein Ersatz	Volti-Turniere, je nach Ausschreibung auch Volti-Tage
D-8-Gruppen (Turniereinsteiger)	beliebig (Höchstalter 18 Jahre, das kann sich allerdings bei der nächsten APO-Änderung verändern)	Meldung auf dem Antrag für Gruppenausweis: zwölf Voltigierer, starten dürfen acht und ein Ersatz	Volti-Turniere
C-Gruppen	beliebig (Höchstalter 18 Jahre, das kann sich allerdings bei der nächsten APO-Änderung verändern)	Meldung auf dem Antrag für Gruppenausweis: zwölf Voltigierer, starten dürfen acht und ein Ersatz	Volti-Turniere
B-Gruppen	beliebig (Höchstalter 18 Jahre, zwei Voltigierer bis 21 Jahre, das kann sich allerdings bei der nächsten APO-Änderung verändern)	Meldung auf dem Antrag für Gruppenausweis: zwölf Voltigierer, starten dürfen acht und ein Ersatz	Volti-Turniere
A-Gruppen (höchste Kategorie)	beliebig (Höchstalter 18 Jahre, zwei Voltigierer bis 21 Jahre, das kann sich allerdings bei der nächsten APO-Änderung verändern)	Meldung auf dem Antrag für Gruppenausweis: zwölf Voltigierer, starten dürfen acht und ein Ersatz	Volti-Turniere, Landesmeisterschaften, Internationale Turniere (CVI), Deutsche Meisterschaft, Europa- und Weltmeisterschaften

6

Pferdepflege vor und nach der **Voltigierstunde**

In diesem Kapitel geht es einzig und allein um euren wichtigsten, vierbeinigen Teamkameraden, euer Voltigierpferd. Unsere Pferde haben die beste Zuwendung und Pflege verdient. Dabei ist es vollkommen egal, ob euer Voltigierpferd noch jung und im Vollbesitz seiner Kräfte ist und im Galopp arbeiten kann oder schon älter oder gar alt und vielleicht nur noch im Schritt einsetzbar. Alle haben unsere besondere Liebe und Aufmerksamkeit verdient. Ich persönlich kenne kein Voltigierpferd, das sich nicht mit Hingabe von seinen Voltigierern verwöhnen und hätscheln lässt. Dafür gibt es sein Bestes in den Voltigierstunden oder auf dem Turnier.

Herausführen aus der Box und Anbinden

Sprich das Pferd an, wenn du dich seiner Box näherst. Wenn es dich bemerkt hat, wird es sich dir zuwenden. Du kannst die Boxentür öffnen und hineingehen, um es zu begrüßen und mit ihm zu schmusen.

Leg ihm dann das Stallhalfter an, sofern es dies nicht schon trägt. Dabei stehst du auf der linken Seite des Pferdes in Höhe seines Kopfes. Halte das Stallhalfter so, dass du es leicht zuerst über die Nase und dann die Ohren des Pferdes ziehen kannst. Vergiss nicht, das Stallhalfter zu schließen.

Befestige jetzt den Führstrick am runden Halfterring unter dem Kinn des Pferdes.

Jetzt kannst du das Pferd langsam aus seiner Box zum Putzplatz führen. Du gehst dabei links vom Pferd und hältst den Strick in deiner rechten Hand. Das lange Ende des Strickes hältst du in der linken Hand fest. Achte darauf, dass du den Strick nicht um deine Finger oder Hand wickelst. Wenn das Pferd erschrickt, wird sich der Strick um deine Finger zuziehen und du kannst dich schwer verletzen.

So wird ein Pferd korrekt geführt.

Lukino meint dazu:

Ich bin ja ein schlaues Kerlchen und mache mir öfter einen Spaß mit meinen Voltigierern. Ich weiß genau: Wenn ich meinen Kopf ganz nach oben nehme, kommen sie mit dem Stallhalfter nicht über meine Ohren. Ich nehme meinen Kopf erst dann ganz brav herunter, wenn mindestens drei Voltigierer mit mir geschmust und mich ausgiebig gestreichelt haben. Wer aber mit mir schimpft, erreicht genau das Gegenteil. Dann könnt ihr mal erleben, wie stur so ein Pferd sein kann ...

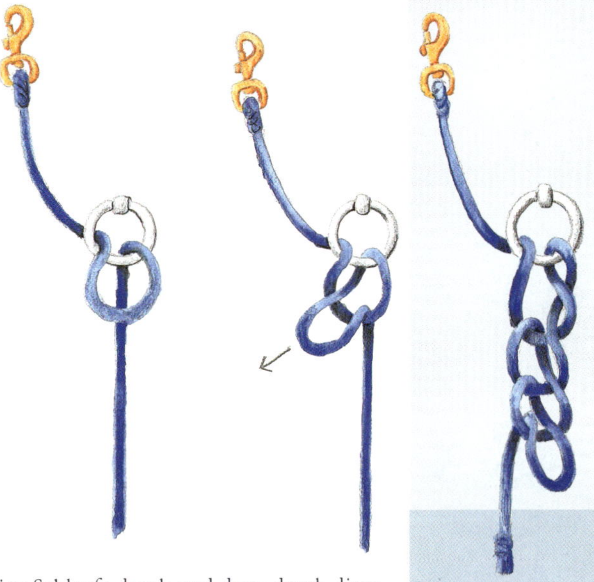

Am Putzplatz bindest du das Pferd mit einem speziellen Anbindeknoten an: Statt einen richtigen Knoten zu machen, führst du

eine Schlaufe durch und dann durch diese Schlaufe wieder eine weitere. Das ist so ähnlich wie Luftmaschenhäkeln im Handarbeitsunterricht. Erst zum Schluss kommt das ganze Ende statt einer weiteren Schlaufe durch. Sollte das Pferd erschrecken und nach

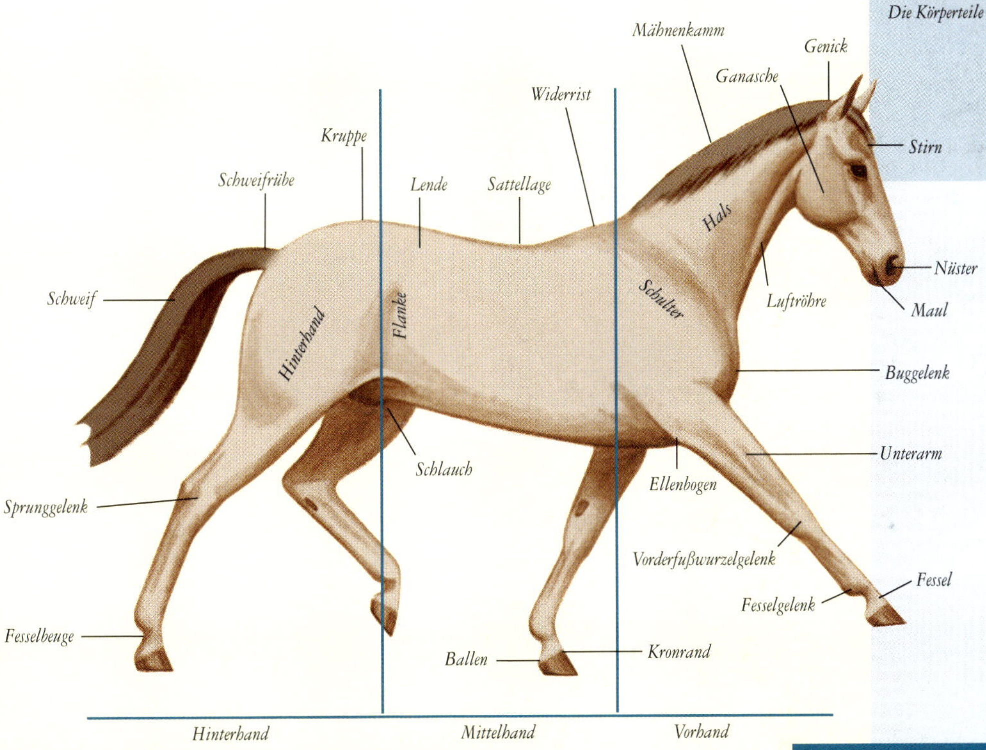

So wird der Anbindeknoten geknüpft. Zeichnung: Esther von Hacht.

Die Körperteile des Pferdes

Mähnenkamm
Genick
Ganasche
Widerrist
Stirn
Kruppe
Schweifrübe
Lende
Sattellage
Hals
Nüster
Schweif
Schulter
Luftröhre
Maul
Hinterhand
Flanke
Buggelenk
Sprunggelenk
Schlauch
Unterarm
Ellenbogen
Vorderfußwurzelgelenk
Fessel
Fesselgelenk
Fesselbeuge
Ballen
Kronrand

Hinterhand   Mittelhand   Vorhand

Tipp vom Profi:

Lass dir helfen, wenn du noch klein bist oder das Pferd zu groß ist. Sicherlich bist du nicht allein für das Pferd vor der Voltigierstunde verantwortlich, sondern auch noch ein paar deiner Freundinnen und Freunde aus der Volti-Gruppe.

Belohnungen für das Pferd gibt es erst nach der Arbeit. Wenn du das Pferd daran gewöhnt hast, dass es sofort bei deinem Erscheinen ein Leckerli bekommt, wird es ziemlich übel gelaunt und sauer sein, wenn es einmal nichts gibt. Besser sollte es also gar nicht erst so weit kommen. Ein freundliches Wort und ein paar Streicheleinheiten müssen deshalb genügen, wenn du vor der Voltigierstunde seine Box betrittst.

Du kannst ein Pferd leider nicht dazu zwingen, den Kopf herunterzunehmen und sich das Halfter anlegen zu lassen. Wütendes Geschrei bewirkt so ziemlich das Gegenteil. Du kannst das Pferd aber dazu überreden. Lass dir und dem Pferd Zeit, sprich mit ihm und lobe es ausgiebig, wenn es den Kopf zu dir heruntergenommen hat und sich das Halfter hat anlegen lassen.

Bei einem Pferd, das ohne Rücksicht auf dich Richtung Putzplatz losstürmt, genügt es oft, wenn du in der linken Hand eine Gerte hältst und sie gelegentlich, wenn es zu schnell wird, als sichtbares Hindernis vor seine Nase hältst. Aber achte darauf, das Pferd nicht mit der Gerte zu treffen.

Ausbilder müssen Pferde, die von den Voltigierern nicht aufgehalftert, geführt und geputzt werden können, selbst übernehmen.

halfter, Besen, Schaufeln und auch die Voltigierausrüstung. Halte selbst immer Abstand zu den Hinterbeinen des Pferdes und bitte auch die anderen Voltigierer, Geschwister oder Eltern darum, damit bei eventuellem Erschrecken und Ausschlagen des Pferdes mit den Hinterbeinen niemand getroffen werden kann.

Putzen und Auskratzen der Hufe

Jetzt wird das Pferd auf Hochglanz geputzt. Dies hat einige gute Gründe: Schmutz unter der Ausrüstung scheuert die Haut des Pferdes sehr schmerzhaft auf. Unter Umständen fällt dann euer Pferd für Wochen aus, bis die Verletzungen wieder verheilt sind. Und wer möchte auch auf einem schmutzigen Pferd voltigieren? Außerdem tut das Putzen den meisten Pferden richtig gut. Wenn euer Pferd zu den ganz empfindlichen Tieren gehört, muss das Putzen eben sehr vorsichtig und gefühlvoll sein. Normalerweise empfinden die Pferde das Putzen wie eine schöne Massage. Und dabei solltest du dir Zeit lassen.

Der dritte Punkt ist, dass du beim Putzen Gelegenheit hast, das Pferd nach kleinen Verletzungen, die immer mal wieder vorkommen, oder auch nach Muskelverspannungen abzusuchen. Eine Muskelverspannung musst du dir wie einen Muskelkater nach dem Sport vorstellen. Das Pferd zeigt dir dann deutlich durch Ausweichen oder Ohrenanlegen, wenn du beim Putzen an eine Stelle kommst, die schmerzt. Dagegen kann man dann gleich etwas tun. Zeige diese Stellen deinem Ausbilder, der dann über das weitere Vorgehen entscheiden kann.

Für mich persönlich ist auch sehr wichtig, dass ich mich intensiv mit meinem besten Freund beschäftige und so auch gleich herausfinden kann, wie seine Laune heute ist.

hinten ziehen, kannst du den Strick wie eine Luftmaschenreihe ganz schnell aufziehen. So kommt das Pferd schnell frei. Das ist besser als ein zerrissenes Halfter oder eine Verletzung im Genick durch den Zug des Halfters hinter den Ohren. Lass dir diesen Knoten oft zeigen und übe ihn ohne Pferd.

Am Putzplatz dürfen keine Gegenstände herumliegen, an denen sich ein Pferd verletzen kann. Räume also alles in sichere Entfernung, was umfallen könnte oder worin sich ein Pferd verfangen kann. Dazu gehören Putzkisten, Gerten, herumliegende Stall-

*Kennst du alle Teile,
die man zum Putzen benötigt?
Mähnenkamm, Kardätsche
und Kopfbürste, Wurzelbürste,
Striegel, Hufauskratzer,
drei Schwämme.
Zeichnung: Esther von Hacht*

Pferde sind manchmal wie Menschen auch schlecht gelaunt oder ungeduldig. Manchmal freuen sie sich auch auf die Arbeit oder über die Zuwendung, die sie erhalten, und sind dann übereifrig.

Das sollte in deiner Putzkiste auf jeden Fall enthalten sein:
- Wurzelbürste
- Striegel
  (Gummi-, Eisen- oder Nadelstriegel)
- Kardätsche (weiche Bürste mit möglichst dicht stehenden Naturhaaren)
- drei Schwämme (je ein Schwamm für die Augen, die Nüstern und die Gegend um den Po unter dem Schweif)
- Mähnenkamm oder einfache Haarbürste
- Hufkratzer
- Kopfbürste (kleine, sehr weiche Bürste)
- Huffett mit Pinsel

Wenn deine Putzkiste groß genug ist, kann außerdem drin sein:
- Schweißmesser
- Fliegenspray
- Shampoo
- Schweif- und Mähnenspray
- Lappen aus Frottee oder Schaffell

Jetzt geht's los

Mit der Wurzelbürste entfernst du den groben Schmutz am ganzen Pferd, auch an den Beinen.

Das ist besonders wichtig, wenn euer Voltigierpferd auf der Weide war und Schmutz und Schlamm auf seinem Fell getrocknet sind. Pferde wälzen sich sehr gerne im Gras, in Schlammlöchern oder im Sand. Dabei können sie sich juckende Stellen an Widerrist, Hals oder Rücken scheuern. Schlamm im Pferdefell kann man aber nur entfernen, wenn er ganz trocken ist. Ansonsten wird er durch das Putzen nur gleichmäßig auf dem Fell verteilt und Decke und Gurt scheuern dann die Haut auf. Den Kopf solltest du vorsichtshalber auslassen oder nur sehr vorsichtig mit der weichen Kopfbürste bearbeiten.

Die Feinreinigung machst du dann mit dem Striegel. Dabei ist es sinnvoll, von vorne nach hinten zu putzen: am Hals hinter dem Kopf beginnen und über Rücken, Bauch bis zu den Hinterbeinen weiter arbeiten. An den Stellen, an denen Knochen zu sehen und zu spüren sind, also an Widerrist, Schulter, Ellbogen, Hüften und an den Knien des Pferdes, musst du ganz vorsichtig sein. Der Kopf wird nicht mit dem Striegel bearbeitet. Die

Die halbe Volti-Mannschaft ist mit Putzen beschäftigt.

Beine darfst du nur bis zum Vorderfußwurzelgelenk an den Vorderbeinen und bis zum

Tipp vom Profi:

Je nach Empfindlichkeit, Vorlieben des Pferdes und Verschmutzung wählst du den passenden Striegel. Ein unempfindliches Pferd mag vielleicht einen Eisenstriegel, während die empfindlicheren Pferde mit einem Gummistriegel gut zu putzen sind. Während des Fellwechsels hilft ein Nadelstriegel, die abgestorbenen Haare herauszuputzen. Probiere aus, welchen Striegel du wann bei welchem Pferd einsetzen kannst.

Achte beim Putzen mit dem Striegel ganz genau auf die Reaktionen des Pferdes. Ohrenanlegen und Kopfschütteln des Pferdes können Anzeichen dafür sein, dass ihm das Putzen unangenehm ist. Das gilt besonders für den Bauch oder den Rücken. Beim Putzen des Bauches musst du vorsichtig sein, denn manche Pferde treten mit den Hinterbeinen nach Dingen, die sie am Bauch stören.

Manchmal ist der Grund für solche Reaktionen aber nicht zu starkes Aufdrücken beim Putzen, sondern zu schwaches. Dann kitzelst du das Pferd vielleicht mehr, als dass du es putzt. Versuche einmal, deinen Oberschenkel mit dem Striegel so zu putzen wie ein Pferd. Dann merkst du selbst, wann der Striegel kitzelt, massiert oder vielleicht sogar ein bisschen weh tut.

Sprunggelenk an den Hinterbeinen mit dem Striegel putzen. Der Striegel wird in kreisförmigen Bewegungen mit etwas Druck über das Fell geführt. Zwischendurch musst du den Striegel immer wieder auf dem Boden ausklopfen, damit der Staub herausfällt.

Wenn du damit fertig bist, nimmst du dir eine Kardätsche und putzt damit noch die allerkleinsten Staubreste aus dem Pferdefell. Wenn du auf der linken Seite des Pferdes beginnst, nimmst du die Kardätsche in die linke Hand und deinen Striegel in die rechte, auf der rechten Seite des Pferdes machst du es umgekehrt.

Bürste jetzt in Wuchsrichtung des Fells und beginne damit wieder am Hals. Nach jedem Bürstenstrich fährst du mit der Kardätsche über den Striegel, damit der Staub aus der Kardätsche in den Striegel fällt, den du dann auf dem Boden ausklopfen kannst.

Das Bürsten und Bücken ist eine gute Möglichkeit, vorab schon ein bisschen Gymnastik zu machen. Im Winter ist das Pferdeputzen auch gut gegen die Kälte, du bewegst dich dabei nämlich ziemlich viel. Mit der Kopfbürste putzt du ganz vorsichtig den

Pferdekopf. Manche Pferde mögen das nicht besonders. Sie nehmen den Kopf dann ganz hoch, damit du auch ja nicht herankommst. Hier hilft ein Trick: Füttere dem Pferd eine ganz kleine Menge Heu oder Gras vom Boden aus. Es nimmt zum Fressen den Kopf herunter und du kannst ihn putzen. Achte darauf, dass du nicht in die Augen bürstest und wirklich nicht zu fest aufdrückst. Stell dir vor, jemand wäscht dir das Gesicht, das muss doch auch ganz sanft gemacht werden!

Die Mähne und den Schopf kannst du mit dem Mähnenkamm oder einer einfachen Haarbürste bearbeiten. Der Schweif wird von Hand verlesen. Du stehst seitlich des Pferdeschweifs und nimmst den Schweif in eine Hand. Mit der anderen Hand ziehst du einzelne Schweifhaare oder kleine Strähnen heraus und entwirrst sie. Heu, Stroh und Kletten oder was sich sonst noch so im Schweif befindet, wird gleich mit entfernt. Bitte nie direkt hinter dem Pferd stehen, sondern immer seitlich.

Selbstverständlich müssen noch die Hufe ausgekratzt werden. Das ist wichtig, damit keine Steinchen oder andere Fremdkörper darin bleiben. Stell dir vor, du läufst den ganzen Tag mit einem Stein im Schuh herum. Für die Vorderbeine stellst du dich seitlich vom Pferd mit Blick in Richtung Schweif auf, bückst dich und kneifst das Pferd ganz leicht im Bereich der Beugesehne. Du sagst deutlich „Heb auf" oder „Huf". Wenn es nicht gleich klappt, lehnst du dich ganz leicht gegen sein Bein, streichst nochmals mit der Hand am Bein entlang und kneifst ganz leicht in die Sehne. Hebt das Pferd dann sein Vorderbein auf, greifst du das Bein am Huf und hältst es mit einer Hand fest. Wenn du das Bein am Fesselgelenk greifst, wird der Huf zu schwer

Lukino meint dazu:

Also ich für meinen Teil weiß ganz genau, bei wem ich mir was erlauben darf. Wenn zum Beispiel die Chefin selbst meine Hufe auskratzt, beeile ich mich lieber, alle vier in der richtigen Reihenfolge ganz schnell hochzuheben. Kommt dann aber meine kleinste Voltigiererin, lasse ich mir sehr viel Zeit ... Neulich aber hat sie doch tatsächlich ganz energisch „Heb auf" gesagt. Vor Schreck habe ich ganz brav sofort mein Bein hochgehoben.

Tipp vom Profi:

Am besten ist es, du hältst immer die gleiche Reihenfolge der Beine beim Hufauskratzen ein. Nach einiger Zeit weiß das Pferd schon, welches Bein als Nächstes an die Reihe kommt, und wird es von alleine heben.

Welches Kommando du zum Hufaufheben gibst, ist unwichtig, es muss nur von allen immer das gleiche Kommando gegeben werden. Wichtig ist auch ein bestimmender Tonfall.

Wenn das Pferd ohne Hufeisen geht, muss der Hufrand nach Steinchen abgesucht werden, die sich manchmal tief eingraben. Wenn man mit der Metallspitze des Hufkratzers leicht über den Hufrand fährt, spürt oder hört man diese Steinchen mehr, als dass man sie sieht. Hier hilft der Einsatz eines Hufnagels, den du vom Hufschmied bekommst, um die Steinchen herauszupulen.

Der richtige Druck beim Hufauskratzen ist schwierig zu beschreiben. Einerseits sollen Steine, festgetrockneter Lehm und im Winter Eis und Schnee herausgekratzt werden, andererseits darf der empfindliche Ballen durch den Hufkratzer nicht verletzt werden.

Macht das Pferd größere Probleme beim Hufaufheben oder Auskratzen, sollten diese Aufgaben besser die Ausbilder übernehmen. Allerdings darfst du auch nicht zu schnell aufgeben. Wie das Aufhalftern ist auch das Hufauskratzen manchmal ein kleiner Machtkampf zwischen Pferd und Voltigierern. Wer hat die längere Ausdauer? Wer gibt als Erster nach? Du oder das Pferd?

Spickzettel

- Grobreinigung mit der Wurzelbürste
- Entfernen des Staubs mit dem Striegel in kreisförmigen Bewegungen (Vorsicht an den knochigen Teilen des Pferdes)
- Glattbürsten des Fells mit der Kardätsche, die immer wieder am Striegel abgewischt wird
- Reinigen des Kopfes mit der Kopfbürste
- Mähne kämmen und Schweif verlesen
- Hufe ausräumen
- Glanzpolitur mit dem Lappen oder einem Stück Schaffell
- Reinigen von Augen, Nüstern und Po-po mit drei verschiedenen Schwämmen

und das Bein ist nicht in der Balance. Mit der anderen Hand wird nun der Huf mit einem Hufkratzer sauber ausgekratzt, besonders in der Strahlfurche. Bei den Hinterbeinen ist besondere Vorsicht angesagt. Auch hier stehst du seitlich vom Pferd mit Blickrichtung Schweif, bückst dich und machst es wie bei den Vorderbeinen. Hebt das Pferd das Hinterbein auf, umfasst du es mit einer Hand direkt am Huf und ziehst das Bein ganz vorsichtig und nicht zu weit nach hinten und leicht nach oben. Mit der anderen Hand kannst du jetzt mit dem Hufkratzer den Huf reinigen.

Zum Schluss kommt die Politur mit einem weichen Lappen oder Lammfellstückchen und du wirst sehen, euer Voltigierpferd ist jetzt supersauber und glänzend. Mit verschiedenen feuchten Schwämmen werden Augen, Nüstern und Popo gewaschen.

Nimm für jeden Körperteil einen andersfarbigen Schwamm, dann kannst du die Schwämme auseinander halten.

Gurten und Trensen

Manche Voltigiergruppen erledigen das Gurten und Trensen ihres Pferdes ganz selbstständig und alleine. Bei anderen macht das der Ausbilder oder ein Helfer. Auf jeden Fall ist zumindest das Heranschaffen der Ausrüstung die Aufgabe der Voltigiergruppe. Das braucht ihr alles:

- Trense
- Gurtunterlage
- Voltigierdecke (Pad)
- Gurt

- Hilfszügel (Ausbindezügel, Dreieckszügel, Laufferzügel oder sonstige Hilfszügel)
- Gamaschen oder Bandagen
- Longe
- Peitsche
- Sattelholz

Das ist eine Menge Dinge, an die gedacht werden muss. Am besten ist es, ihr verteilt diese Aufgaben gleichmäßig auf alle Voltigierer, so muss jeder nur an einen Teil der Ausrüstung denken. Natürlich ist es sinnvoll, wenn die kleineren Voltigierer für die leichteren Ausrüstungsgegenstände verantwortlich sind und die großen für die schweren Sachen wie Gurt und Pad. Macht euch eine Liste, wer welchen Teil der Ausrüstung holen und nach der Stunde wieder aufräumen muss.

Auf den Pferderücken wird zuerst das Pad gelegt. Schwierig dabei ist, es in die richtige Position zu bringen. Es darf höchstens 25 Zentimeter vor dem Gurt herausragen und sollte nach hinten nicht mehr als 70 Zentimeter über den Gurtrand hinausgehen.

Die Ausrüstung des Voltigierpferdes: Gurt, Unterlage, Trense, Longe, und Stallhalfter. Auf dem Foto fehlen noch Pad, Ausbindezügel, Peitsche und Bandagen oder Gamaschen.

Tipp vom Profi:

Die meisten Pads nehmen mit der Zeit die Form des Pferderückens an mit einer kleinen Ausbuchtung für den Widerrist. Dann ist es leichter, das Pad genau richtig aufzulegen. Bis dahin macht ihr mit einem dicken Marker einen Strich auf das Pad in Höhe des Widerrists.

Über das Pad kommt über dem Widerrist des Pferdes die Schaumstoffunterlage für den Gurt. Achtet darauf, dass sie auf beiden Seiten gleich weit herunterhängt. Über die Schaumstoffunterlage legt ihr den Voltigiergurt und zieht dann den Schaumstoff in die Kammer zwischen den beiden Polstern hinein. Danach wird der Gurt locker zugeschnallt und nach kurzer Zeit immer fester angezogen. Der feste Sitz des Gurtes ist die Lebensversicherung der Voltigierer. Es kann sehr gefährlich werden, wenn der Gurt beim Voltigieren rutscht.

Manche Gruppen binden Schaumstoffunterlage und Gurt mit Klettband zusammen und können so beides gemeinsam auflegen. Das hat auch den Vorteil, dass der Schaumstoff unter dem Gurt nicht mehr herausrutschen kann.

Das Voltigierpferd lässt die Luft aus seinem Bauch ab, wenn es mit locker geschnalltem Gurt geführt wird und danach der Gurt angezogen wird. Ein Sattelholz – das ist eine mechanische Hilfe mit Hebelwirkung zum Anziehen des Gurtes – leistet beim Nachgurten sehr gute Dienste, vorausgesetzt es wird damit nicht zu schnell und zu eng nachgegurtet.

Ausbindezügel, Dreieckszügel oder andere Hilfszügel helfen dem Pferd, im Gleichgewicht auf dem Zirkel zu galoppieren. Sie werden am Gurt angebracht, aber noch nicht verschnallt oder eingehängt. Das macht der Ausbilder erst nach dem Führen oder zu Beginn des Ablongierens.

Als Nächstes müssen die Pferdebeine mit Bandagen oder Gamaschen zum Schutz verpackt werden.

Bandagen sind elastische Binden aus Baumwolle oder anderen Materialien und sehen aus wie ein Verband im Krankenhaus. Es gibt sie in allen Farben. Toll sehen Bandagen aus, die farblich zu den Anzügen und zum Padüberzug passen. Bandagieren will gelernt sein. Geht eine Bandage während des Trainings auf oder rutscht, kann das sehr gefährlich sein, wenn das Pferd hineintritt und sich verfängt. Meist erledigt der Ausbilder das Bandagieren deshalb selbst.

So funktioniert es: Du beginnst unterhalb des Vorderfußwurzelgelenks an den Vorderbeinen beziehungsweise unterhalb des Sprunggelenks an den Hinterbeinen und wickelst die Bandage einmal herum. Dabei lässt du einen kleinen Zipfel oben herausschauen. In gleicher Höhe kommt noch eine Runde, dann klappst du den kleinen Zipfel nach unten und wickelst noch zwei Lagen. Du musst herausfinden, wie stark du die Bandage anziehen darfst, damit sie weder rutscht noch das Bein einschnürt. Jetzt wickelst du bei jeder Runde ein kleines Stückchen weiter nach unten. Das Ganze natürlich immer ohne Falten. Der Fesselkopf sollte halb einbandagiert sein, dann geht es wieder langsam nach oben. Geschlossen werden die Bandagen durch Klettverschluss, Bändchen oder Haken.

Gamaschen sind viel einfacher und schneller anzulegen. Es gibt sie in verschiedenen Formen, Farben und Materialien. Meist haben

Lukino meint dazu

Manche Pferde haben ja leider mit ihrem geraden Rücken eine etwas ungünstige Gurtlage. Der Gurt rutscht dann sehr leicht, wenn er nicht gut angezogen wird. Aber bitte seid mit dem Sattelholz vorsichtig. Wenn ihr mir den Bauch zu schnell und zu stark zuschnürt, bekomme ich keine Luft mehr und gerate leicht in Panik. Manche von uns Pferden haben vor dem Gurten dann eine solche Angst, dass sie sich zu Boden werfen. So etwas mache ich natürlich nicht. Meine Voltigierer gehen beim Nachgurten mit dem Sattelholz sehr vorsichtig mit mir um!

Jede Lage muss ohne Falten gewickelt werden.
Zeichnung: Esther von Hacht

Vorsichtig wird
das Pferd getrenst.
Zeichnung: Esther von Hacht

sie Klettverschlüsse oder Schnallen. Gemeinsam ist diesen Verschlüssen, dass sie an den Außenseiten des Beines liegen müssen und dass alle Enden immer nach hinten schauen.

Zum Trensen stellst du dich links des Pferdes ganz nah an seinen Kopf. Das Stallhalfter wird geöffnet und zur Sicherheit, damit das Pferd nicht weglaufen kann, über den Hals gehängt. Jetzt umfasst du mit der rechten Hand von unten den Pferdekopf, nimmst

Tipp vom Profi:

Wenn das Pferd das Gebissstück nicht von alleine nimmt oder das Maul nicht öffnet, greife mit dem linken Daumen in sein Maul an der Stelle, wo es keine Zähne hat. Durch leichten Druck auf den Unterkiefer wird es das Maul öffnen und du kannst mit der linken Hand das Gebiss hineinschieben.

Es gibt Pferde, die können nur vom Ausbilder aufgetrenst werden. Dann ist es besser, du versuchst es erst gar nicht. Ihr selbst kennt euer Voltigierpferd am besten.

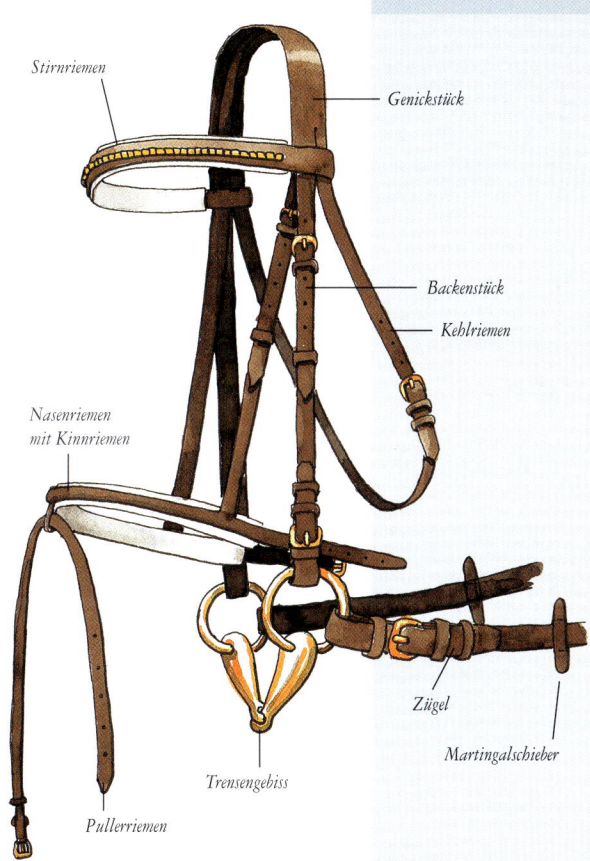

*Die Teile der Trense.
Zeichnung: Esther von Hacht*

Stirnriemen

Genickstück

Backenstück

Kehlriemen

*Nasenriemen
mit Kinnriemen*

Zügel

Martingalschieber

Trensengebiss

Pullerriemen

das Reithalfter in die rechte Hand und schiebst mit der linken Hand ganz vorsichtig das Gebissstück in das Pferdemaul.

Jetzt kannst du das Reithalfter vorsichtig über die Ohren ziehen.

Der Schopf wird aus dem Stirnband herausgezogen und die Schnallen werden passend geschlossen. Am Kehlriemen muss eine Faust hineinpassen, an Nasenriemen und Kinnriemen bequem ein Finger.

Lukino meint dazu:

Wenn mir beim Auftrensen die Voltigierer ein paar Mal dieses Metallding an die Zähne schlagen, mache ich das nächste Mal einfach mein Maul nicht mehr auf! Da könnt ihr euch auf den Kopf stellen und mit den Ohren wackeln!
Im Winter ist es einfach scheußlich, wenn dieses Ding dann auch noch so kalt ist. Könntet ihr mein Gebissstück nicht ein wenig in der Hand anwärmen, bevor ich es ins Maul gelegt bekomme? Dafür wäre ich euch sehr dankbar!

Wenn alle Lederteile richtig verschnallt sind, kannst du ganz vorsichtig das Stallhalfter über den Kopf herunterziehen und die Longe oder einen Führstrick zum Führen am linken Gebissring einschnallen.

Fertig sind die Vorbereitungen für die Voltigierstunde!

Achte beim Führen in die Reithalle darauf, dass alle Türen weit geöffnet und breit genug sind. Ein Voltigierpferd mit Ausrüstung ist wie ein überbreiter Schwertransport!

Versorgen des Pferdes nach der Voltigierstunde

Nach der Arbeit wird dem Pferd die Ausrüstung komplett abgenommen. Es wird am Stallhalfter so lange geführt, bis es ganz trocken ist. Dabei hilft im Winter oder an kühlen Tagen eine Abschwitzdecke.

Sie ist aus einem Spezialmaterial, das den Schweiß durch den Stoff an die Oberfläche der Decke transportiert. So bleibt der Pferdekörper warm und trocken. Das ist deshalb so wichtig, weil Pferde sich sehr leicht erkälten. Husten setzt euer Pferd für Wochen außer Gefecht, und das willst du doch sicherlich nicht, dann fällt nämlich auch das Volti-Training aus!

Ist das Pferd dann trocken, werden nochmals die Hufe ausgekratzt und der Schweiß wird aus dem Fell gebürstet. Ihr könnt ihm auch noch die Beine mit kaltem Wasser abwaschen oder mit dem Wasserschlauch abspritzen, vorausgesetzt, es kennt und mag das.

Achtet dann aber bitte darauf, dass die Fesselbeuge abgetrocknet wird. Bleibt die Fesselbeuge feucht, kann leicht Mauke entstehen. Das ist eine Hautkrankheit, die vom Tierarzt behandelt werden muss.

Bei sommerlichen Temperaturen haben die meisten Pferde auch nichts gegen eine Ganzkörperdusche einzuwenden.

Danach wird mit dem Schweißmesser das Wasser aus dem Fell gedrückt. Anschließend muss das Pferd wieder geführt werden, bis es ganz trocken ist.

Jetzt hat sich euer Pferd seinen Feierabend in der Box, im Paddock oder auf der Weide aber redlich verdient!

Eure Pflichten sind nach dem Aufräumen der Ausrüstung ebenfalls beendet und ihr könnt euch schon auf die nächste Voltigierstunde freuen!

Der
Sicherheitsbeauftragte Lukino spricht ...

7

Zeichnung: G. Schamberg

Außer meinem Job als Voltigierpferd bin ich hier auch noch der Experte für Sicherheitsfragen. Ich will euch jetzt einiges darüber erzählen, denn das Thema ist ja ganz schön wichtig.

Weil wir Pferde bekanntlich Tiere sind, die sich einer Gefahr oder was immer wir auch dafür halten nur durch Flucht entziehen können, nennt man uns auch Fluchttiere. Leider trifft das auf die meisten meiner Artgenossen zu. Ich selber bin natürlich sehr, sehr mutig – man nennt mich auch Lukino Löwenherz!

Ich warte in Gefahrenmomenten erst mal ab, ob es sich auch lohnt, unnötige Kalorien beim Erschrecken und Davonlaufen zu verbrauchen ...

Da ist natürlich zuallererst die Kontaktaufnahme mit mir, der absoluten Hauptperson beim Voltigieren. Auch ich als furchtloser Voltigierheld bin froh, wenn du dich nicht wie ein Löwe im Urwald auf mich stürzt, womöglich nicht mal an meinem Kopf, sondern sogar am hinteren Ende, wo ich dich gar nicht sehen kann. Also: Sprich mich zuerst aus einer gewissen Entfernung von vorne mit meinem Namen an. Dann merke ich: Aber hallo, das ist ja eine aus meiner Volti-Gruppe, die kenne ich! Und jetzt ist es gar nicht mehr gefährlich, ganz nah heranzukommen und meinen Hals zu tätscheln. Wenn es nach mir ginge, würde ich auch sofort von jeder Voltigiererin ein Leckerli bekommen, aber das erlaubt die Chefin ja leider nicht.

Weil wir Pferde auch nicht immer gut gelaunt sind, zeige ich dir hier ein paar Pferdegesichter, damit du nicht aus Versehen einem schlecht gelaunten Pferd zu nahe kommst:

Dieses Pferd zeigt sich aufmerksam und freundlich. Die Ohren sind gespitzt und die Maulpartie ist entspannt.
Zeichnung: Kristina Krumm

Das Pferd zeigt leichte Unruhe.
Zeichnung: Kristina Krumm

Dieses Pferd hat die Ohren stark nach hinten gelegt, seine Nüstern sind zusammengezogen, seine Zähne gebleckt, es droht. Hier ist äußerste Vorsicht geboten!
Zeichnung: Kristina Krumm

Wenn du in den Stall zum Voltigieren kommst, rate ich dir auch ganz dringend, feste Schuhe anzuziehen. Einige meiner Kollegen sind wahre Künstler, wenn es darum geht, ihren Huf genau auf deinem Fuß zu platzieren. Das geht nach dem Motto: Der Stärkere siegt! Ich sage dir, das tut weh. Immerhin wiegen wir Pferde zwischen 400 und 800 Kilogramm. Sollte also ich oder einer meiner Kumpel auf deine Zehen treten, hilft kein Geschrei und kein Herumgehopse. Du musst dich dann mit deiner ganzen Kraft gegen meine Schulter lehnen, damit ich mich ganz schnell von der Stelle bewege. Am besten ist es, du ziehst dir gleich nach dem Volti-Unterricht wieder feste Schuhe an. Ich kann dir nämlich nicht dafür garantieren, dass ich dir beim Trockenführen nicht mal aus Versehen auf den Fuß trete und so ein Volti-Schläppchen bietet überhaupt keinen Schutz.

Das Führen und Putzen hat dir die Chefin ja schon ausführlich beschrieben. Wenn du mich zum Putzplatz führst, wickle dabei bitte den Strick nicht um deine Hand. Ich muss nicht mal erschrecken, es genügt ein großer Schritt zur Seite. Der Strick spannt sich und deine Hand wird zusammengequetscht. Ich selbst habe zwar keine Hände, aber ich kann mir gut vorstellen, dass das sehr weh tut.

Beim Putzen zeige ich dir dann sehr deutlich, was ich mag und was nicht. Wenn du mich am Bauch mit dem Striegel nur kitzelst, statt zu putzen, könnte ich deine Hand leicht mit einer lästigen Fliege verwechseln, nach der ich mit den Hinterbeinen trete. Also: Immer so fest putzen, dass es nicht kitzelt! Zum Putzen meiner Beine kannst du ruhig neben mir in die Hocke gehen oder dich bücken. Du darfst dich aber nie neben mich auf den Boden setzen. Ein Schritt zur Seite, ein kleiner Hopser – und schon trete ich dich. Beim Schweifverlesen und Hufauskratzen musst du dich immer so hinstellen,

dass ich dich nicht treffen kann. Selbst ich kann wider Erwarten doch mal erschrecken und ausschlagen.

Überhaupt das Hufauskratzen! Wenn du meine Vorderbeine aufhebst, ist das für mich manchmal eine unwiderstehliche Verlockung, mit meinen Zähnen die Festigkeit deiner Hose zu testen. Du bist ja gerade so gut wie wehrlos und hast alle Hände voll mit meinem Huf und dem Hufkratzer zu tun.

Meine Voltis sind mittlerweile ziemlich schlau: Einer lenkt mich durch Streicheln und Schmusen ab, der andere kratzt derweil meine Hufe aus. So komme ich immer zu ein paar Extrastreicheleinheiten!

Zu Beginn der Volti-Stunde darfst du mit den anderen zusammen nicht einfach die Türe zur Reithalle aufmachen und hineinspazieren. Es könnte ja sein, dass noch ein Kollege von mir mit seinem Reiter auf dem Rücken in der Halle herumtrabt. Du möchtest doch sicherlich nicht mit einem Pferd zusammenstoßen. Ich übrigens auch nicht. Also: Zuerst ruft man ziemlich laut „Tür frei bitte" durch die geöffnete Hallentür. Dann schaut man vorsichtig hinein. Wenn sich ein Reiter in der Halle befindet, wird der dann von der Tür wegbleiben und antworten „Tür ist frei". Dann kannst du ganz gefahrlos die Halle betreten. Ist niemand in der Halle, kannst du eintreten.

Anschließend gibt's für uns alle erst mal Gymnastik. Das ist wichtig, damit sich die Muskeln, Sehnen und Bänder wärmen. Mit kalten Muskeln kann niemand trainieren. Das ist bei Pferden nicht anders als bei Menschen. Beim gemeinsamen Aufwärmen zu Beginn der Stunde – Ablongieren nennt die Chefin das – kann es passieren, dass wir uns vor lauter Konzentration in die Quere kommen und mir meine zweibeinigen Freundinnen und Freunde vor die Füße laufen. Das kann ziemlich übel ausgehen, denn manchmal haben auch Pferde einen langen Bremsweg. Besser ist es, wenn ihr ganz nahe an der Wand bleibt und genügend Abstand zu mir haltet.

In der Voltigierstunde solltest du übrigens deine langen Haare zu einem Zopf oder Pferdeschwanz zusammenbinden. Mir selber tut es zwar nicht weh, wenn ein paar Haare an

meiner Mähne oder meinem Schweif ausgerissen werden. Ich habe mir aber sagen lassen, dass das für die Menschen sehr unangenehm sein soll. Ohrringe, Kettchen und Ringe lässt du am besten gleich zu Hause. Es wäre doch schade, wenn eine Halskette reißt oder du einen Ohrring verlierst. Ganz verboten ist Kaugummi, damit du dir nicht beim Voltigieren und Kaugummikauen auf die Zunge beißt. Ich glaube, meine Voltigierer kleben ihren Kaugummi immer unter die Hallenbande. Ich möchte nur mal wissen, wie so ein Kaugummi schmeckt ... Aber die Chefin meint, davon bekommen wir Pferde nur Bauchweh.

Manche Voltigiergruppen voltigieren mit einem Reit- oder Fahrradhelm. Ich als Sicherheitsbeauftragter weiß nicht so recht, was ich davon halten soll, und empfehle das nicht. Anders als beim Reiten, wo man ja ganz ruhig und ohne große Bewegungen auf uns Pferden sitzt, ist das Voltigieren mit viel Bewegung verbunden. Ich kann mir nicht vorstellen, wie der Aufsprung mit Helm funktionieren soll. Auch beim Grundsitz und fast allen anderen Übungen musst du das Kinn hochnehmen. Da ist der Helm immer im Weg. Partnerübungen werden durch den Helm auch sehr erschwert. Das Abrollen ist mit Helm unmöglich. Ich denke, die Verletzungsgefahr durch den Helmschild ist sehr groß. Deshalb voltigieren meine Kinder alle ohne Helm.

Beim Voltigieren dürfen dann höchstens drei Voltigierer bei der Chefin in der Mitte stehen, sonst hat sie nicht genügend Platz. Sie muss ja mit der Peitsche und Longe hantieren können. Manchmal sieht das sehr albern aus, wenn sie in der Mitte steht und die lange Peitsche schwingt. Geschlagen hat sie mich damit aber noch nie.

Am besten kann ich dich beim Anlaufen sehen, wenn du ganz dicht an der Longe bleibst. Auf diese Weise kommst du auch gleich am richtigen Punkt zum Aufsprung an: am Hals hinter meinem Kopf und vor den Griffen. Du musst dann auch nur halb so schnell rennen, um mich zu erreichen.

Einige von meinen Kollegen irritiert auch das wilde Rudern mit den Armen beim Anlaufen. Versuch also, deine Ellbogen am Körper anliegen zu lassen. Manchmal macht so ein kleines Wettrennen aber auch richtig Spaß! Ratet mal, wer der Schnellere ist, wenn ich richtig loslege ...

Ich wage es ja kaum zu sagen, aber für alle Fälle musst du auch einen „Notabgang" beherrschen. Falls mir einmal wider Erwarten der Himmel auf den Kopf fällt und ich mich so erschrecke, dass ich buckle oder davonrenne, musst du wissen, wie du rasch von meinem Rücken herunterkommst. Es muss ganz schnell gehen: beide Hände an die Griffe, ein Bein hinten herum, über deinen Bauch nach innen abrutschen und vor allem loslassen und auf den Füßen landen. Am besten, du übst das häufig.

Selbst wenn du einmal von mir herunterfällst, werde ich mich immer sehr bemühen, dich nicht mit meinen Hufen zu treten. Darauf hast du mein großes Voltigierpferdeehrenwort! Wenn es irgendwie geht, werde ich über dich drüberspringen. Merkst du aber, dass du dich nicht mehr halten kannst, dann lass rechtzeitig los! Kringle dich wie ein Igel ein und rolle dich ab. Du wirst sehen, es passiert dir meist außer ein paar blauen Flecken nichts.

Wer mit seiner Übung fertig ist und mit Wende oder Abgang abgegangen ist, der bleibt stehen, bis ich an ihm vorbeigaloppiert bin. Man kann dann in einem weiten Bogen hinter mir herum und außerhalb meines Zirkels zurück zu den anderen Voltigierern laufen. So kommen wir uns garantiert nicht in die Quere. Achte darauf, dass du immer genügend Abstand beim Auslaufen zu mir hältst.

Pflicht muss sein...

8

Mit der Pflicht wird beim Turnier von den Richtern geprüft, ob die Voraussetzungen für die Turnierteilnahme bei allen Voltigierern vorhanden sind. Jede Pflichtübung fragt, wie bei einer Klassenarbeit in der Schule, bestimmte Fähigkeiten wie zum Beispiel die Körperspannung, Dehnung, Sprung- oder Stützkraft und den Einsatz von bestimmten Muskeln ab.

Wenn alle Voltigierer die gleichen Übungen zeigen, sieht das vielleicht ein bisschen langweilig aus, aber die Pflichtübungen sind wichtig für die Ausführung der Kür. Jeder Voltigierer erhält für jede Pflichtübung eine Einzelnote.

Ohne eine gute Pflicht keine sichere Kür! Auf eine wacklige Fahne zum Beispiel kann sich in der Kür kein Partner stützen.

Diese Gruppe startet in umgekehrter Reihenfolge.

Beim Turnier wird die Pflicht zu passender Musik gezeigt. Der Geschmack des Ausbilders und der Voltigierer entscheidet, welche Musik gewählt wird. Es darf alles benutzt werden außer Musik, bei der gesungen wird (Vokalmusik). Ein weiteres Auswahlkriterium ist sicher auch der Galopptakt des Pferdes.

Weil sich die verlangten Pflichtübungen hin und wieder ändern, werden hier die Basisübungen beschrieben, die du auf jeden Fall benötigst:

* Aufsprung
* Sitzen: Grundsitz, freier Grundsitz und Variationen, Seitsitz
* Knien mit Bank, Fahne und Prinzensitz

Lukino meint dazu:

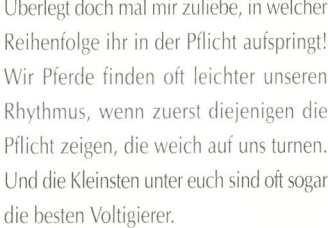

Überlegt doch mal mir zuliebe, in welcher Reihenfolge ihr in der Pflicht aufspringt! Wir Pferde finden oft leichter unseren Rhythmus, wenn zuerst diejenigen die Pflicht zeigen, die weich auf uns turnen. Und die Kleinsten unter euch sind oft sogar die besten Voltigierer.

Spickzettel

Was genau in der Pflicht in den einzelnen Kategorien verlangt wird, steht in der Leistungs-Prüfungs-Ordnung, kurz LPO genannt. Leih dir dieses Buch doch mal vom Trainer aus.

Im Jahr 2002 sieht die Pflicht so aus:
- D-Pflicht: Aufsprung, Grundsitz, D-Fahne, Liegestütz, Abgang nach außen/Quersitz, Knien, Wende nach innen
- C-Pflicht: Aufsprung, halbe Mühle zum Rückwärtssitz frei, Stützschwung rücklings/C-Fahne, C-Stehen, Wende nach außen
- B-/A-Pflicht: Aufsprung, Fahne, Mühle, Schere, Stehen, Flanke

- Liegestütz
- Quersitz und Mühle
- Abgang nach innen und außen
- Wende nach innen und außen, Stützschwung

Die Elemente aus der Pflichtkür sind:
- Stehen
- Querlieger
- Schulterstand

Pferd und Voltigiererin galoppieren im gleichen Takt.

Anlaufen, Mitgaloppieren und Aufsprung

Ganz klar: Da Voltigieren hauptsächlich auf dem Pferd stattfindet, muss man hinaufkommen! Beim Anlaufen und Aufsprung sind dein Rhythmusgefühl und die Sprungkraft gefragt, aber auch dein Mut und dein Selbstvertrauen. In der Kür gibt es viele Varianten des Aufsprungs: in den Innenseitsitz, ins Knien, in den Außenseitsitz, mit Hilfestellung ins Stehen.

Und so funktioniert's

Du galoppierst im Takt des Pferdes ganz dicht entlang der Longe. Ziel: Ankommen beim Hals des Pferdes vor dem Gurt.

Du hebst die Arme, die Hände greifen an die Griffe, dein Oberkörper richtet sich auf, die linke Schulter nimmst du zurück und dein Blick schaut in Richtung Pferdeohren.

Du springst mit beiden Beinen geschlossen und gleichzeitig nach vorne ab.

Ab hier geht's ganz schnell: Dein rechtes Bein zeigt gestreckt nach oben über den Pferderücken, Oberkörper und Kopf beugst du dabei nach unten, du sitzt weich ein, greifst um, ziehst dich nach oben und richtest dich auf – und schon bist du oben!

Lukino meint dazu:

Denk beim Aufspringen und Landen an meinen armen Rücken! Wenn du mir wie ein kleiner Mehlsack in meinen Rücken hineinplumpst, tut das weh. Auch das Einhakeln des rechten Beins in meine Flanken ist schmerzhaft. Da möchte ich am liebsten davonlaufen oder stehen bleiben (manchmal tue ich das auch!).

*Jetzt nur noch den
Galoppsprung ausnutzen und ...*

Tipp vom Profi:

Bleibe beim Anlaufen mit dem Oberkörper ganz aufrecht und schwinge deine Ellbogen angewinkelt am Körper mit. So verhinderst du wildes Rudern mit den Armen, was manchmal das Pferd irritiert.

Du erwischst garantiert den richtigen Zeitpunkt zum Abspringen, wenn du im Takt des Pferdes mitgaloppierst: Wenn sein linkes Bein im Galopp vorgeht, muss auch dein linkes Bein vorgehen. Wenn du dann im richtigen Moment abspringst, nimmt dich der Schwung des Pferdes mit nach oben.

Der Aufsprung findet aber auch im Kopf statt. Trau dich! Du kannst das! Mit dieser Einstellung und der richtigen Technik schaffen es auch kleine Voltigierer, auf große Pferde aufzuspringen.

Je länger du mitgaloppierst vor dem Aufsprung, desto mehr Kraft kostet es dich. Diese Kraft fehlt dir dann beim Aufspringen. Versuch mal, statt auf 1 – 2 – 3 - hopp auf 1 – hopp aufzuspringen.

Ganz wichtig ist der richtige Griff. Da es kein Patentrezept für alle Voltigierer gibt, musst du selbst herausfinden, wie du am besten greifst. Wichtig ist aber, dass du mit der linken Hand nicht von unten her den Griff umfasst. Du kannst dich so nicht stützen, wenn du beinahe oben bist. Es dauert sonst viel zu lange, bis du umgegriffen hast zum Stützen und Aufrichten des Oberkörpers.

Sobald du oben bist, richte dich auf! Stell dir vor, du wächst noch ein bisschen, deine Beine strecken sich und deine Zehenspitzen wollen den Boden erreichen. Lächle! Voltigieren macht schließlich Spaß!

... es geht nach oben – fast geschafft!

Dafür gibt es beim Turnier Abzug

Der Aufsprung ist, wie du schon weißt, eine eigene Pflichtübung und muss ohne Hilfe gezeigt werden. Wenn dir jemand hilft, bekommst du für diese Übung eine 0.

Das Fünf-Minuten-Programm
für einen perfekten Aufsprung

Beim Aufsprung benötigst du vor allem Sprungkraft. Die folgenden Übungen trainieren deine Sprungkraft.

Verschiedene Grifftechniken für unterschiedlich große Voltigierer und unterschiedlich große Pferde.

Sprünge aller Art: Hochsprünge, Strecksprünge, Weitsprünge, mit beiden Beinen, mit nur einem Bein, Hocksprünge über Cavaletti.

Bockspringen mit der Gruppe oder Freunden macht allen großen Spaß.

Seilspringen kannst du alleine oder mit einem langen Seil, das von zwei Voltigierern geschwungen wird, auch mit der ganzen Gruppe.

Das kannst du alleine üben auf dem Übungspferd

Probiere aus, welcher Griff für dich richtig ist.

Übe den Aufsprung mit Hilfestellung eines Partners ganz langsam in Zeitlupe: rechtes Bein gestreckt nach oben, Oberkörper und Kopf nach vorne unten, linkes Bein gestreckt am Gurt. Mach in jeder einzelnen Phase eine kleine Pause und halte die Spannung.

Springe über alle möglichen Hindernisse: Cavalettis in der Reithalle, zu Hause über deine Schultasche, Steine, beim Spazierengehen über Baumstämme und so weiter.

Der Aufsprung mit dem Minitrampolin hilft dir, die richtige Technik zu üben.

Freier Grundsitz mit guter Spannung von Kopf bis Fuß.

Grundsitz, Seitsitz, Quersitz und Variationen

Der Sitz ist die Basis des Voltigierens. Für den Grundsitz benötigst du ein gutes Gleichgewichts- und Rhythmusgefühl.

Sitzen kannst du in vielen Variationen in der Kür wie zum Beispiel im Rückwärtssitz, Seitsitz, Quersitz und auch auf dem Hals. Oft stützt ein Voltigierer im Sitz in der Kür einen anderen. Deshalb musst du stabil und im Gleichgewicht sitzen können.

Und so funktioniert's

Du musst schwer und gleichmäßig auf beiden Pobacken sitzen.

Richte den Oberkörper auf, nimm dein Kinn hoch (und lächle!).

Schwinge geschmeidig mit in der Bewegung des Pferdes.

Beide Beine liegen gestreckt und gespannt am Pferdekörper an, deine Zehenspitzen zeigen gestreckt in Richtung Boden.

Beim freien Grundsitz nimmst du die Arme langsam gestreckt in Seithalte bis in Augenhöhe mit gestreckten, geschlossenen Fingern. Die Handfläche zeigt dabei nach unten, die Daumen liegen an. Du hältst die Übung mindestens vier Galoppsprünge (bis fünf zählen) aus.

Beim Seitsitz geht dein Blick in Richtung Pferdeohren, du sitzt seitlich schräg auf dem Pferd.

Beim Quersitz geht dein Blick in Richtung Longenführer oder Wand.

Schau beim Seitsitz schräg nach vorne in Richtung Pferdeohren.

*Sitzen einmal anders:
Rückwärtssitz auf dem Hals.*

Beim Rückwärtssitz und beim Sitzen auf dem Pferdehals ist es besonders wichtig, dass die Beine lang und gestreckt ganz dicht am Pferd anliegen. Dazu musst du deine Ober- und Unterschenkel spannen.

Sitz auf dem Hals vorlings.

Tipp vom Profi:

Stell dir vor, nur dein Oberkörper wächst im Sitzen ein bisschen, dann richtest du dich gut auf.

Wenn du die Arme in Seithalte nimmst, mache dies langsam, so erhältst du die Spannung bis in die Fingerspitzen.

Spanne beim Aufrichten des Oberkörpers den Bauch an, dann stabilisieren sich deine Hüften und du sitzt sicherer und stabiler.

Zur Stabilisierung deines Sitzes müssen auch die Beine fest am Pferdekörper anliegen.

Kontrolliere kurz mit einem kleinen Seitenblick die Höhe deiner Arme. Dazu musst du nicht unbedingt den Kopf drehen, ein winziger Blick genügt!

Zähle beim Sitzen besser bis fünf, dann vergisst du ganz sicher keinen Galoppsprung.

Ganz wichtig: Lächle! Voltigieren macht doch Spaß – und außerdem ist der Sitz der erste Eindruck, den die Richter von dir bekommen.

Ohne ein gutes Gleichgewichtsgefühl nützen dir auch deine Beine in den Schlaufen wenig.

Oft wird das Anspannen des Bauches mit Luftanhalten verwechselt. Ziehe deinen Bauch ein wenig ein (wie im Freibad im Bikini) und atme dabei aber ruhig und ganz bewusst weiter.

Dafür gibt es beim Turnier Abzug

Es gibt einen Punkt Abzug für jeden fehlenden Galoppsprung.

Das Fünf-Minuten-Programm für einen tadellosen freien Grundsitz

Der gute alte Hampelmann! Damit kannst du üben, die Spannung der Arme zu halten,

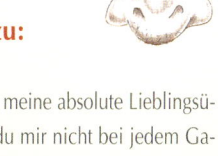

Lukino meint dazu:

Das Sitzen ist meine absolute Lieblingsübung, wenn du mir nicht bei jedem Galoppsprung in den Rücken plumpst, sondern weich mitschwingst!

Ein bisschen mühsam ist das Sitzen auf meinem Hals, ich muss dein Gewicht ja bei jedem Galoppsprung mit anheben. Wäre es zu viel verlangt, wenn ihr die Übungen auf meinem Hals ein klein wenig einschränken würdet?

Ein schön gespannter Grundsitz

und ganz in Ruhe überprüfen, wie hoch die Arme wirklich sind. Dabei hilft dir ein Spiegel sehr.

Du sitzt auf dem Boden mit gegrätschten Beinen, dein Oberkörper richtet sich auf; nun die Arme in Seithalte (Spannung und Höhe überprüfen), aushalten und bis 20 zählen.

Was du in der Schule nicht tun darfst, kannst du jetzt ausprobieren: Mal so richtig auf einem Stuhl oder Sessel lümmeln, dann langsam den Oberkörper aufrichten, Arme in Seithalte, Kinn hoch, bis alles schön gespannt ist.

Kontrolliere vor dem Spiegel immer wieder die richtige Höhe deiner Fingerspitzen. Sind die Arme gestreckt? Zeigen die Handflächen nach unten? Liegt der Daumen an?

Dies alles benötigst du auch für andere Übungen mit den Armen in Seithalte, zum Beispiel beim freien Knien, dem freien Rückwärtssitz und so weiter.

Das kannst du alleine üben auf dem Übungspferd

Mache einen Aufsprung mit dem Trampolin in den Sitz, richte dich auf und kontrolliere:

Sind die Zehenspitzen gestreckt?

Liegen die Beine gestreckt am Pferd an?

Spürst du beide Pobacken? Darin sind nämlich Knochen versteckt, die so genannten Sitzbeinhöcker, und die kann man beim richtigen Sitzen spüren!

Hast du deinen Oberkörper aufgerichtet und den Bauch angespannt?

Wohin blickst du? Nimm dein Kinn hoch und lächle!

Das alles kannst du auch von deinen Teamkameraden kontrollieren lassen.

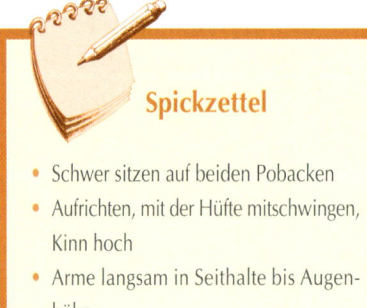

Spickzettel

- Schwer sitzen auf beiden Pobacken
- Aufrichten, mit der Hüfte mitschwingen, Kinn hoch
- Arme langsam in Seithalte bis Augenhöhe

Die Arme führst du langsam in Seithalte. Kannst du die Spannung bis in die Fingerspitzen fühlen und halten?

In der Kür kann es dir immer wieder passieren, dass du einen anderen Voltigierer, der das Gleichgewicht verloren hat, im Sitzen stützen und abfangen musst. Um deine Stabilität zu prüfen, lasse dich von deinen Volti-Kameraden leicht am Oberkörper oder auch an den Waden anstoßen. Du musst dann versuchen, dich nicht aus dem Gleichgewicht bringen zu lassen, auch deine Beine müssen dabei in der gleichen Position bleiben. Aber Vorsicht: Nicht zu heftig – niemanden vom Übungspferd schubsen!

Wie kommst du denn zum Sitzen auf den Hals? Da gibt es mehrere Möglichkeiten. Lass sie dir von deinem Ausbilder am Übungspferd erklären und zeigen.

Fahne

Die Fahne trainiert das Gleichgewicht sowie die Spannung der Bein-, Arm- und Rückenmuskulatur und ist die Grundlage vieler Kürübungen mit Partnern.

Und so funktioniert's

Du kniest mit beiden Beinen gleichzeitig aus dem Grundsitz weich auf.

Dein Blick geht nach vorne zwischen die Pferdeohren.

Beide Unterschenkel liegen schräg über der Wirbelsäule des Pferdes, die Füße zeigen nach außen.

Die Schultern sind über dem Gurt.

Du verlagerst dein Gewicht auf das linke Bein und den rechten Arm und streckst dein rechtes Beines nach hinten (in C danach

Eine schöne D-Fahne: das rechte Bein ist gestreckt, der linke Unterschenkel liegt flach auf dem Pferderücken, die Schultern befinden sich über dem Gurt und beide Pobacken sind gleich hoch.

Strecken des linken Armes, in A/B gleich-
zeitiges Strecken des Beins und des Arms),
die Fußsohle zeigt nach oben.

Du musst die Übung vier Galoppsprünge
aushalten.

So geht der Abbau der Übung: Führe dein
rechtes Bein gestreckt zum Sitz, sitze weich
ein und richte dich sofort auf.

Beim Turnier folgt in Kategorie D aus der
Fahne heraus der Liegestütz: Rechtes Bein
gestreckt auf der Kruppe ablegen, linkes Bein
danach ebenfalls.

Die Übung wird weiter hinten ausführlich
beschrieben.

*Knien mit Rundrücken
und Hohlkreuz.*

Tipp vom Profi:

Beim Knien belastest du zuerst den Fußrücken, dann den Unterschenkel und
danach erst die Knie.
Hebe vor dem Ausstrecken des rechten
Beines ganz kurz leicht das Gesäß und die
Knie an, so findest du die beste Position
für das Gleichgewicht.
Ziehe das rechte Bein nach hinten,
dadurch streckt sich deine Hüfte und die
Pobacken bleiben in gleicher Höhe.
Sicherer ist es, auf fünf statt auf vier zu
zählen, so vergisst du ganz bestimmt keinen Galoppsprung!

Dafür gibt es beim Turnier Abzug

Es gibt einen Punkt Abzug, wenn du am
Anfang nicht mit beiden Beinen kniest oder
wenn du das Gleichgewicht verlierst und dich
mit einer Hand am Pferdehals abstützt. Für
jeden fehlenden Galoppsprung gibt es ebenfalls einen Punkt Abzug.

Das Fünf-Minuten-Programm
für eine schöne Fahne

Übe die Fahne auf dem Boden, zähle bis 20
und wechsle danach das Bein.

Beuge und strecke das Bein in der Fahne
ganz langsam.

Gehe ins Knien und hebe Knie und Gesäß
dabei an.

Du stehst im Ausfallschritt nach vorne,
stützt die Hände auf die Knie und hältst dies
Übung aus, du darfst dabei aber nicht federn!

Knie in Bankhaltung auf dem Boden und
mache abwechselnd einen Rundrücken und
ein Hohlkreuz, damit trainierst du deine Rückenmuskulatur.

Du kniest auf dem Boden und drückst die
Hände und Schultern flach auf den Boden.

Die Standwaage mit oder ohne Hilfestellung ist eine gute Übung für die Fahne.

Das kannst du alleine üben
auf dem Übungspferd

Übe das richtige Knien:

Wo ist die beste Knie-Position für mein
Gleichgewicht?

Drücken meine Knie in den Pferderücken?

Belaste ich den gesamten Unterschenkel?

So kannst du deine Stützkraft trainieren:
Stütze im Knien dein Gesäß und die Knie
mit den Armen und hebe sie an.

Kontrolliere dein ausgestrecktes Bein: Ist
das Knie durchgedrückt, sind die Fußspitzen gestreckt?

Ist die Hüfte flach und gerade? Sind beide Pobacken gleich hoch? Lass dich von den anderen Voltigierern korrigieren!

Hebe den linken Arm und das rechte Bein möglichst weit langsam nach oben, halte die

1. Phase: Schwung holen

2. Phase: weiches Aufknien

Übung, zähle langsam bis 20, danach wechselst du Arm und Bein und führst die Übung gegengleich aus.

So kannst du dein Gleichgewicht trainieren: Strecke in der Fahne gleichzeitig Arm und Bein aus.

Aufknien, Bank, freies Knien und Prinzensitz

Knien, Bank und freies Knien stellen hohe Anforderungen an das Gleichgewicht und die Körperspannung. Diese Übungen sind die Basis vieler Partnerübungen in der Kür. Sicheres, nicht wackliges Knien ist wichtig für Übungen, in denen der Partner sich am Knienden festhält.

Und so funktioniert's
Knie mit beiden Beinen gleichzeitig und weich auf.

Beide Unterschenkel liegen parallel rechts und links neben der Wirbelsäule des Pferdes. Die Fußspitzen liegen flach auf dem Pferderücken, die Knie sind geschlossen.

Deine Schultern befinden sich direkt über dem Gurt, der Blick geht in Bewegungsrichtung zwischen den Pferdeohren hindurch.

Zum freien Knien richtest du deinen Oberkörper auf. Deine Oberschenkel, Bauch und Gesäß sind gespannt und federn im Galopprhythmus mit.

Die Arme nimmst du langsam in Seithalte wie beim Grundsitz.

Das freie Knien musst du mindestens vier Galoppsprünge aushalten (besser fünf).

Beim Prinzensitz stellst du ein Bein auf den Pferderücken neben deinem anderen Knie auf.

Dafür gibt es beim Turnier Abzug
Einen Punkt Abzug gibt es, wenn du nicht mit beiden Beinen kniest, wenn du das

Tipp vom Profi:

Lehne deinen Oberkörper etwas zurück, dann befindet sich dein Gewicht genau über der Mitte deiner Unterschenkel und du kannst die Galoppsprünge besser abfedern. Der Schwerpunkt deines Oberkörpers sollte also über der Mitte der Unterschenkel liegen.

Belaste gleichmäßig den gesamten Unterschenkel.

Gleichgewicht verlierst und dich mit einer Hand am Pferdehals abstützt und für jeden fehlenden Galoppsprung.

Knien ohne Zuhilfenahme der Hände aufzustehen. Knie mit aufgerichtetem Oberkörper, nimm die Arme in Seithalte und lehne deinen Oberkörper zurück, bis der Po die Fersen berührt. Zähle bis 20 und richte dich dann wieder auf.

Das Fünf-Minuten-Programm für gutes Knien

Knie auf dem Boden, stütze die Hände auf und mache abwechselnd einen Rundrücken, ein Hohlkreuz und einen geraden Rücken. Du sitzt auf dem Boden. Versuche, über das

Beim freien Knien nimmst du die Arme langsam in Seithalte.

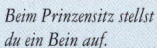

Lukino meint dazu:

Drück mir nicht mit deinen spitzen Knien oder Fußspitzen in den Rücken! Das tut weh! Benutze bitte den ganzen Unterschenkel und federe meine Galoppsprünge weich mit.

Beim Prinzensitz stellst du ein Bein auf.

Spickzettel

- Gleichgewicht finden im Knien in der Bank
- Kinn hoch
- Beide Unterschenkel gleichmäßig belasten
- Oberkörper langsam aufrichten, Arme langsam in Seithalte bis in Augenhöhe

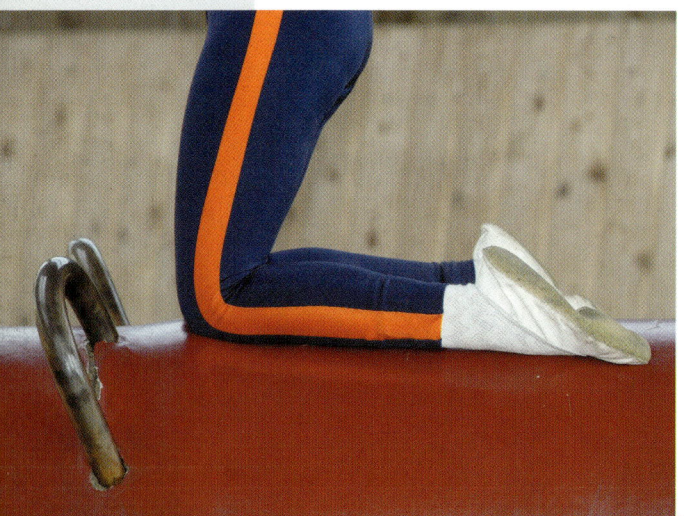

Hier siehst du die Unterschenkel ganz flach aufgelegt.

Übungspferds und so weiter. Schaffst du das, ohne das Gleichgewicht zu verlieren?

Du kniest mit aufgerichtetem Oberkörper und nimmst deine Arme in Seithalte.

Versuche, in den Prinzensitz und danach ins Stehen aufzustehen, ohne die Arme an die Griffe zu nehmen.

Liegestütz

Voraussetzungen für einen guten Liegestütz sind die Körperspannung von Kopf bis Fuß sowie eine enorme Stützkraft.

Und so funktioniert's

Knie aus dem Grundsitz mit beiden Beinen gleichzeitig weich auf.

Dein Blick geht nach vorne zwischen die Pferdeohren.

Beide Unterschenkel liegen parallel rechts und links der Wirbelsäule des Pferdes, die Fußspitzen liegen flach auf dem Pferderücken.

Das kannst du alleine üben auf dem Übungspferd

Übe das richtige Knien und kontrolliere:

Wo ist die beste Knieposition für dein Gleichgewicht?

Wie weit sind deine Knie voneinander entfernt oder berühren sie sich?

Drücken deine Knie in den Pferderücken?

Belastest du beide Unterschenkel gleichmäßig?

Knie auf dem Übungspferd mit aufgerichtetem Oberkörper. Deine Hände berühren verschiedene Punkte am Übungspferd, ohne dass du das Gleichgewicht verlierst: linke Schlaufe, rechte Schlaufe, Hände über den Kopf so hoch wie möglich, vorderer Rand des Übungspferds, hinterer Rand des

Lukino meint dazu:

Für uns Pferde gehört der Liegestütz zu den schwierigsten Übungen. Manchmal sind wir zu lang für die kleineren Voltigierer, dann liegen die Fußspitzen auf unserer Nierengegend. Manchmal seid ihr Voltigierer aber auch zu groß für uns und diese Übung. Dann könnt ihr nicht mit den Fußspitzen euer Gewicht abfedern, sondern müsst einen Teil des Unterschenkels nehmen. Denkt bitte dran, dass ihr auf keinen Fall mit irgendeinem Körperteil in unseren Rücken bohrt, das tut nämlich weh.

Ein schön gehaltener Liegestütz

Tipp vom Profi:

Bei dieser Übung ist es wichtig, den Kopf nicht in den Nacken zu nehmen, sondern nach unten auf die Mähne des Pferdes zu schauen.

Achte darauf, dass du mit den Schultern direkt über den Griffen am Gurt bist, sonst kannst du dich im Liegestütz nicht halten. Versuche von Anfang an, beide Fußrücken flach in die Mitte der Pferdekruppe zu legen, so kannst du am besten dein Gleichgewicht halten.

Stell dir vor, du bist eine gerade Brücke, keine Bogenbrücke und schon gar keine Hängebrücke! Mit dieser Vorstellung fällt es dir leichter, die Spannung zu halten.

Auch hier lieber bis fünf zählen, damit kein Galoppsprung vergessen wird.

Denke beim Hochbücken an ein Taschenmesser, das zusammengeklappt wird.

bekommst du, wenn du die Übung nicht halten kannst, zusammenbrichst und die Übung wiederholst. Null Punkte bekommst du, wenn du zweimal wiederholst.

Die Schultern sind direkt über den Griffen am Gurt, der Blick geht auf den Pferdehals.

Auf dem Turnier wird die Übung aus der Fahne direkt aufgebaut ohne vorheriges Einsitzen oder Knien.

Die Arme stützen den Oberkörper, deinen rechten Fuß legst du flach auf die Kruppe des Pferdes, danach legst du den linken direkt daneben.

Spanne deine Bauch-, Po- und Beinmuskeln gut an.

Halte die Übung vier Galoppsprünge aus.

Danach bückst du dich hoch, indem du den Po nach oben drückst und weich in den Sitz eingleitest.

Dafür gibt es beim Turnier Abzug

Es gibt einen Punkt Abzug für jeden fehlenden Galoppsprung. Zwei Punkte Abzug

Einbücken ...
... und weiches Einsitzen am Gurt

Handstand an der Bande trainiert die Stützkraft.

gestütz voreinander und gebt euch abwechselnd die rechte und die linke Hand. Lege beim Liegestütz deine Beine auf ein Cavaletti, lauf auf den Händen das Cavaletti entlang.

Mehrere Voltigierer machen einen Handstand an der Bande, während ein Voltigierer unter den anderen durchkrabbelt und sich dann am Ende auch in den Handstand stellt. Schubkarrenrennen mit der Gruppe macht allen Spaß.

Das Fünf-Minuten-Programm für einen guten Liegestütz

Hier eine Übung mit Partnerin oder Partner: Ihr beide befindet euch auf dem Boden im Lie-

Das kannst du alleine üben auf dem Übungspferd

Baue die Übung ganz langsam auf: Knien, Oberkörper stützen, ein Bein auflegen, das an-

Diese Übung ist sehr anstrengend.

Gehaltener Liegestütz auf den Schultern des Partners

dere Bein auflegen, halten und bis 20 zählen, dein Körper darf dabei nicht durchhängen!

Stütz dich im Liegestütz nur mit einem Bein, das andere führst du gestreckt nach oben, zählst bis zehn und wechselst das Bein.

Du legst die Beine auf die Schultern eines Hintermannes und hältst diese Position bis zehn, danach machst du drei richtige Liegestütze mit den Schultern bis zum Gurt und drückst dich wieder hoch mit den Armen.

So ist es richtig: Quersitz innen

Quersitz

Der Quersitz ist eine Vorübung zur Mühle, die ab Leistungsklasse C/B verlangt wird. Auch für die Kür kannst du den Quersitz gebrauchen für einen Positionswechsel. Der Quersitz und auch die daraus folgende Mühle verlangt Rhythmusgefühl, Gleichgewicht und Körperspannung.

Und so funktioniert's

Das rechte Bein wird gestreckt in einem hohen, weiten Bogen über den Pferdehals zum Quersitz innen (Blick zum Longenführer) geführt. Dabei musst du die Griffe nacheinander kurz loslassen.

Dein Ruhebein (das Bein, das gerade nichts zu tun hat) liegt fest am Pferdekörper an.

Schließe deine Beine, die rechte Hand ist am Griff, die linke geht in Seithalte.

Halte vier Galoppsprünge aus.

Schau im Innensitz zum Longenführer, im Außensitz zur Wand.

Führe das gestreckte rechte Bein im hohen, weiten Bogen zurück zum Grundsitz.

Das linke Bein wird gestreckt in einem hohen, weiten Bogen über den Pferdehals zum Quersitz außen mit Blick zur Bande geführt.

Schließe deine Beine, die linke Hand ist am Griff, die rechte geht in Seithalte.

Auch diesen Teil der Übung musst du vier Galoppsprünge halten.

Ganz schön anstrengend ist es, das Bein so hoch und gestreckt zu führen.

Quersitz außen

Führe das gestreckte linke Bein im hohen, weiten Bogen zum Grundsitz zurück.

Das Führen der Beine wird ohne einen bestimmten Takt verlangt, der Quersitz mit Armen in Seithalte jedoch muss jeweils vier Galoppsprünge ausgehalten werden.

Lukino meint dazu:

Beim Führen deiner Beine über meinen Hals kann ich dir ganz toll helfen, wenn du auf meinen Galopptakt achtest. Genau wie beim Schwungholen musst du mit deinem Bein loslegen, wenn sich mein Hals und der vordere Teil meines Athletenkörpers, das heißt meine Vorhand, im Galoppsprung hebt. Dann hilft dir nämlich mein Schwung, dein Bein höher und gestreckter über meinen Hals zu führen. Außerdem stören wir uns so gegenseitig nicht bei unseren Bewegungen.

Tipp vom Profi:

Die Stabilität des Quersitzes hängt davon ab, ob du im Gleichgewicht sitzt. Du musst die beste Position finden. Wenn du zu weit innen oder außen sitzt, besteht die Gefahr, dass du vom Pferd abrutschst.

Im Quersitz darfst du selbst entscheiden, ob du dich am inneren oder äußeren Griff festhältst. Probiere aus, was für dich am besten ist.

Ein wichtige Hilfe für dein Gleichgewicht ist es, den Oberkörper aufzurichten und die Beine ganz fest zu schließen und ans Pferd anzulegen. Du musst gleichmäßig auf beiden Pobacken sitzen.

Dafür gibt es beim Turnier Abzug

Es gibt einen Punkt Abzug für jeden fehlenden Galoppsprung im Quersitz, null Punkte bekommst du, wenn du vom Pferd rutschst oder stürzt.

Das Fünf-Minuten-Programm für einen guten Quersitz

Du kniest auf dem Boden mit aufgerichtetem Oberkörper, ein Bein ist aufgestellt. Das aufgestellte Bein rutscht langsam und nicht über die Schmerzgrenze hinaus nach vorne in Richtung Spagat, der Oberkörper bleibt aufrecht.

Ein Spagat in fast perfekter Ausführung

Hier klappt es mit der Koordination noch nicht richtig, die Beine müssen gleichzeitig über den Kopf des Vordermannes geführt werden.

Ein Wort zum Spagat: Diese Übung ist gut für die Spreizfähigkeit der Beine, sollte aber nur ganz langsam und unter Aufsicht des Trainers ausgeführt werden.

Setz dich auf den Boden mit hinter dem Körper aufgestützten Händen, hebe ein gestrecktes Bein an, halte es und zähle bis 20, danach wechselst du das Bein.

Alle Voltigierer sitzen mit gegrätschten Beinen direkt hintereinander auf dem Boden, nach Kommando wird eine ganze Mühle über den Kopf des jeweiligen Vordermannes ausgeführt.

Das kannst Du alleine üben auf dem Übungspferd

Stell dir vor, dein Bein ist der Scheibenwischer wie beim Auto. Du schwingst dein Bein über ein Hindernis, zum Beispiel über den ausgestreckten Arm eines anderen Voltigierers.

Das Ganze wird erschwert, wenn hinter dir ein weiterer Voltigierer sitzt. So kannst du mit deinem Oberkörper nicht nach hinten ausweichen.

Kontrolliere deinen Arm in Seithalte: Ist er zu hoch? Zu tief? Ist er ganz gerade? Sind die Fingerspitzen gestreckt? Schau dabei in den Spiegel.

Wie führst du deinen Arm in Seithalte? Von unten nach oben, in einem Bogen?

Spickzettel

- Bein hoch und gestreckt über den Gurt führen
- Im Quersitz Beine ganz fest schließen, Oberkörper aufrichten, Arm in Seithalte
- Vier Galoppsprünge (mindestens) im Quersitz, daher besser auf fünf zählen!

Abgang nach innen oder außen

Natürlich ist es beim Voltigieren genauso wichtig, möglichst elegant vom galoppierenden Pferd wieder herunterzukommen.

In der Kür gibt es viele Varianten des Abgangs, etwa aus dem Rückwärtssitz oder vom Hals.

Höchste Konzentration, damit Abgang und Wechsel reibungslos klappen

Schließe deine Beine und drücke dich mit gestrecktem Körper und Beinen vom Gurt weg nach oben, ohne zum Sitzen zu kommen. Beim Landen auf dem Boden musst du den Schwung mit den Knien, Hüfte und Sprunggelenken abfangen und in Bewegungsrichtung auslaufen. Beim Abgang aus dem Rückwärtssitz ist es wichtig, dass du mit Blick in Richtung Pferdekopf landest. Sonst fällst du hin.

Lukino meint dazu:

Bitte denkt an mich und meine Puste: Je länger ihr euch nicht traut abzugehen, desto länger muss ich galoppieren. Also: Nur Mut!

Was ich dir auch schon immer mal sagen wollte: Wenn du nicht rechtzeitig die Griffe loslässt, erhalte ich jedes Mal, wenn du landest, vom Gurt einen Ruck an Widerrist und Rücken. Das tut meinem Rücken gar nicht gut und auch für dich ist das ganz schön gefährlich.

Und so funktioniert's

Führe dein gestrecktes Bein – beim Abgang nach innen das rechte Bein, beim Abgang nach außen das linke Bein – in einem hohen, weiten Bogen über den Pferdehals mit Blick nach vorne zwischen die Pferdeohren.

Dabei musst du die Griffe nacheinander kurz loslassen. Dein Ruhebein liegt fest am Pferdekörper an.

Drück dich vom Gurt weg und strecke dich.

Lande weich und federe den Schwung mit Hüfte, Knien und Sprunggelenken ab.

Tipp vom Profi:

Auch der Abgang und erst recht die Wende sind Übungen, für die du Mut und Selbstvertrauen brauchst. Darum ist es wichtig, dass du nach vorn schaust und dich sofort nach oben vom Gurt wegdrückst. Sonst verlässt dich vielleicht beim Anblick des weit entfernten Hallenbodens der Mut.

Damit dein Sitz stabil bleibt, während du das Bein hoch und gestreckt über den Pferdehals führst, muss das Ruhebein (das ist das Bein, das gerade nichts zu tun hat) ganz fest und gespannt am Pferdekörper anliegen.

Nimm beide Hände an den Griff, von dem aus du abgehen wirst (beim Abgang nach innen der innere, beim Abgang nach außen der äußere).

Nach dem Wegdrücken vom Gurt musst du rechtzeitig die Griffe loslassen. Keine Angst, der Boden ist nicht so weit weg, wie du denkst.

Dein Blick und dein ganzer Körper schaut in die Bewegungsrichtung des Pferdes, also nach vorne. In dieser Richtung landest du am sichersten.

Beim Abgang vom Pferdehals musst du darauf achten, dass du dich mit den Beinen nicht im Ausbinder oder im Dreieckszügel verhedderst. Du würdest schlimm stürzen und dich verletzen. Auch das Pferd bekäme einen sehr schmerzhaften Ruck im Maul.

Beim Landen kannst du die Arme ausstrecken wie ein Hochseilakrobat im Zirkus. Das hilft, schneller das Gleichgewicht zu finden.

Diese Übung bereitet deine Sprunggelenke auf die Landung nach Abgang oder Wende vor.

Dafür gibt es beim Turnier Abzug

Es gibt einen Punkt Abzug, wenn du nicht mit beiden Beinen landest, wenn du stürzt oder das Gleichgewicht verlierst und dich mit den Händen abstützen musst.

Das Fünf-Minuten-Programm für einen guten Abgang

Wippe auf deinen Zehenspitzen an einer Treppenkante ganz langsam auf und ab.

Du stehst im Ausfallschritt, beide Fußsohlen bleiben mit der ganzen Fläche am Boden. Zähle langsam bis 20. Du darfst nicht

Spickzettel

- Bein hoch und gestreckt über den Gurt führen
- Beide Hände an einen Griff
- Körper und Beine strecken, nach oben wegdrücken, loslassen und weich mit beiden Beinen landen

wippen oder federn. Das Wechseln der Beine nicht vergessen!

Du sitzt auf einem Stuhl und schwingst abwechselnd ein Bein gestreckt vom Oberschenkel bis zur Fußspitze über die Lehne eines vor dir stehenden zweiten Stuhles.

Das kannst du alleine üben
auf dem Übungspferd

Übe das Umgreifen für den Abgang nach innen und außen. Führe das Bein hoch und gestreckt über einen vor dir sitzenden Voltigierer. Übe das Wegdrücken vom Gurt und das Landen mit beiden Beinen.

Wende und Stützschwung

Die Wende ist eine besonders elegante Art, das galoppierende Pferd wieder zu verlassen.

Drücke dich am höchsten Punkt von den Griffen weg

Ab Leistungsklasse C wird zusätzlich der Stützschwung, ab B die Flanke verlangt. Alle diese Übungen benötigen Stützkraft, Körperspannung und Schwung.

Und so funktioniert's

Hole aus dem aufrechten Sitz heraus mit gestreckten Beinen Schwung.

Schwinge die gestreckten Bein schnell und kräftig nach hinten.

Dein Oberkörper bleibt gerade bis zur Hälfte des Schwungbogens, danach tauchst du nach vorne ab. Schwinge die Beine hoch, bis sie sich am höchsten Punkt berühren. Drück dich kräftig von den Griffen nach hinten ab. Lande mit beiden Beinen und federe

Lukino meint dazu:

Das mit meinem Galoppsprung ist ja gar nicht so einfach. Ein kleiner Tipp von mir: Schließe doch mal im Training die Augen und lasse dich von mir im Galopp einfach tragen.

Dann spürst du bald, wann dich mein Galoppsprung mit nach vorne und oben nimmt. Für uns Pferde wirkt es wie eine unsichtbare Bremse, wenn eine Übung gegen unseren Rhythmus ausgeführt wird. Es ist mir lieber, wenn du die Wende und den Stützschwung erst mal am Übungspferd übst. Das Reinklatschen in meinen Rücken tut mir nämlich weh.

Es ist besonders schlimm, wenn du bei der Wende die Griffe zu spät loslässt und ich dann einen Ruck in den Rücken bekomme. Auch du kannst dir dabei ziemlich weh tun.

Beim Stützschwung gleitest du nach dem Hochschwingen der Beine wieder weich in den Sitz ein.

den Schwung in Hüfte, Knien und Füßen ab, laufe in Bewegungsrichtung des Pferdes aus.

Beim Stützschwung sitzt du nach dem Hochschwingen der Beine wieder weich ein und richtest dich zum Grundsitz wieder auf.

Dafür gibt es beim Turnier Abzug

Es gibt einen Punkt Abzug, wenn du stürzt oder mit den Händen den Boden berührst.

Das Fünf-Minuten-Programm für eine gute Wende

Du legst dich auf die Seite, stützt einen Arm in der Seitenlage auf und drückst deinen Oberkörper hoch.

Geh in den Liegestütz, drück dich mit den Armen vom Boden weg und klatsche in die Hände.

Das kannst du alleine üben auf dem Übungspferd

Den Stützschwung mit gestreckten Beinen, die sich am höchsten Punkt berühren, kannst du auf dem Übungspferd machen ohne Sorge, dabei deinem Voltigierpferd weh zu tun. Versuche den Stützschwung mit gestreckten

Tipp vom Profi:

Ganz wichtig ist, dass du den Schwung mit dem Galoppsprung des Pferdes holst. Das kannst du üben, indem du die Beine hebst zum Schwungholen, wenn sich der Hals und die Schulter des Pferdes im Galoppsprung nach oben heben.

Ausschlaggebend für deinen Schwung ist, wie schnell du deine Beine gestreckt nach hinten schwingst. Die Höhe der Beine beim Schwungholen hat darauf keinen Einfluss. Ideal ist Griffhöhe.

Lass deinen Oberkörper gerade bis zur Hälfte des Schwungbogens (also bis deine gestreckten Beine nach unten zeigen), dann neige deinen Oberkörper auf die Griffe und drücke dich sofort kräftig mit den Händen von den Griffen ab.

Du musst während der ganzen Übung deine Körperspannung vom Kopf bis zu den Zehenspitzen behalten. Stell dir vor, du wächst während der Übung um einige Zentimeter, dein Körper streckt sich dabei.

Der richtige Zeitpunkt zum Loslassen der Griffe ist enorm wichtig. Diesen Zeitpunkt kannst du nur erfühlen. Lass dir von deinem Ausbilder helfen, indem er dir im richtigen Moment „Jetzt" zuruft. Wartest du zu lange, bleibst du wie ein Fähnchen an den Griffen hängen.

Nimm beim Landen deine Arme zu Hilfe. Wenn du sie in Seithalte oder auch nach oben ausstreckst, findest du dein Gleichgewicht schneller.

So trainierst du deine Oberarmmuskulatur.

Querlieger

Der Querlieger gehört zum Pflichtkürkatalog in Kategorie D und ist eine leicht auszuführende Kürübung mit vielen Variationsmöglichkeiten.

Und so funktioniert's

Du führst dein Bein gestreckt in einem hohen, weiten Bogen über den Pferdehals zum Quersitz. Dabei musst du die Griffe nacheinander kurz loslassen. Das Ruhebein liegt fest am Pferdekörper an.

Aus dieser Position heraus drehst du dich zum Querlieger auf die Hüfte oder auf den Bauch, mit dem Kopf in Richtung innen oder außen. Spanne deinen ganzen Körper von den Fingerspitzen bis zu den Fußspitzen „wie ein Brett".

Jede Kürübung musst du mindestens drei Galoppsprünge aushalten.

Beinen, ein weiterer Voltigierer steht hinter dir und fängt deine gestreckten Beine mit den Händen auf. Stütze dich auf die Griffe, halte aus und zähle bis 20.

Probiere verschiedene Griffe aus: Wie kannst du dich am besten abstützen, mit welchem Griff am besten wegdrücken vom Gurt?

Eine weitere Variante ist der Stützschwung mit gestreckten Beinen, danach sitzt du im Innensitz ein, zurück zum Sitz und aus dieser Bewegung heraus holst du gleich Schwung und sitzt im Außensitz ein.

Das Ganze funktioniert auch so: Stützschwung mit gestreckten Beinen, Einsitzen im Innensitz, mit beiden Beinen geschlossen Schwung holen, Einsitzen im Außensitz.

Spickzettel

- Schwung holen mit gestreckten Beinen, schnelles, kräftiges Zurückschwingen der Beine
- Oberkörper gerade bis zur Position der Beine nach unten, danach Abtauchen des Oberkörpers auf die Griffe
- Am höchsten Punkt wegdrücken vom Gurt, loslassen und weich mit beiden Beinen landen
- Körperspannung halten!

Tipp vom Profi:

Im Querlieger musst du zuerst dein Gleichgewicht finden, bevor du Arm- oder Beinbewegungen machst.

Der bei allen Voltigierern sehr beliebte Kosakenhang sollte nicht gemacht werden. Diese Übung ist gefährlich, da du dir im Falle eines Sturzes mit dem Kopf nach unten nicht mehr selbst helfen kannst.

Egal in welcher Position – auf Bauch oder Hüfte – du den Querlieger ausführst, dein Bauch und dein Gesäß müssen dabei angespannt sein. Das ist wichtig für dein Gleichgewicht. Denk dran: Atmen nicht vergessen!

Eine Hand gehört auf jeden Fall zur Sicherheit an einen der Griffe.

Querlieger mit Liegestütz

Lukino meint dazu:

Der Querlieger ist für mich eine schöne Übung, wenn du dein Gleichgewicht gefunden hast und ruhig auf mir liegst.

Eine weitere Variante: Hebe ein Bein möglichst hoch, aushalten, bis 20 zählen, wechseln.

Lege dich auf die Seite, hebe ein Bein an und halte die Übung bis 20.

Arme und Beine werden vom Boden abgehoben und gehalten.

Diese Übung trainiert deine Oberschenkelmuskeln.

Dafür gibt es beim Turnier Abzug

Es gibt einen Punkt Abzug, wenn die Übung nicht mindestens drei Galoppsprünge ausgehalten wird.

Das Fünf-Minuten-Programm für einen guten Querlieger

Lege dich auf den Bauch, hebe deinen Kopf und Oberkörper und halte aus bis 20.

Lege dich auf den Bauch, hebe beide Beine und halte aus bis 20.

Auch beim gehaltenen Schulterstand mit Partnerhilfe ist die Körperspannung wichtig.

Wenn du im Gleichgewicht liegst, spanne Deinen ganzen Körper an.

Das kannst du alleine üben auf dem Übungspferd

Lege dich quer auf das Übungspferd auf den Bauch und lass alles ganz locker (Kopf, Arme, Beine hängen herunten). Danach spannst du ganz bewusst deinen ganzen Körper von Kopf bis Fuß an und streckst Arme und Beine aus.

Spickzettel

- Bein hoch und gestreckt über den Gurt führen
- vom Quersitz in den Querlieger drehen, Gleichgewicht finden, den ganzen Körper spannen
- mindestens drei Galoppsprünge aushalten (bis vier zählen)

Schulterstand

Der Schulterstand mit Partnerhilfe ist Element des Pflichtkürkatalogs in Leistungsklasse D.

Er verlangt Körperspannung, besonders im Bereich der Bauchmuskeln und der Beine. Der freie Schulterstand wird oft erst in den höheren Leistungsklassen gezeigt.

Und so funktioniert's

Du kniest weich auf mit beiden Beinen gleichzeitig aus dem Grundsitz.

Beuge deinen Oberkörper vor, die linke oder rechte Schulter legst du vor oder hinter dem Gurt auf, der Kopf wird seitlich aufgelegt. Mit leichtem Schwung drückst du die Beine gestreckt und geschlossen zum Schulterstand. Der Schulterstand wird meist als Partnerübung mit Hilfestellung ausgeführt.

Alle Kürübungen müssen mindestens drei
Galoppsprünge ausgehalten werden.

Dafür gibt es beim Turnier Abzug

Es gibt einen Punkt Abzug für jeden fehlenden Galoppsprung. Null Punkte erhältst du,
wenn du den Schulterstand nicht mindestens
drei Galoppsprünge halten kannst.

Das Fünf-Minuten-Programm
für einen guten Schulterstand

Mach einen Handstand mit Hilfestellung
durch einen Partner. Wichtig ist beim Handstand die Körperspannung vom Arm über
Schultern, Bauch bis in die Fußspitzen. Dein
Kopf bleibt zwischen den Oberarmen.

Du gehst mit dem Oberkörper, den Armen
und dem Kopf in Handstandhaltung, die
Beine sind noch am Boden. Ein anderer Voltigierer stabilisiert und hält dich gut an der
Hüfte fest und du drückst langsam deine Beine in den Handstand. Dazu benötigst du viel
Bauchmuskulatur!

Übe den Handstand an der Bande.

Das kannst du alleine üben
auf dem Übungspferd

Drück dich in den Schulterstand mit angewinkelten Beinen. Diese Übung ist für den
Anfang sicherer, später kannst du dann die

*Versuche den Schulterstand
mal hinter dem Gurt.*

*Schulterstand mit angewinkelten
Beinen und Hilfestellung*

Schulterstand mit gestreckten Beinen

Beine strecken. Übe den Schulterstand und das Strecken deiner Beine.

Dabei kannst du ausprobieren und trainieren, wie viel Schwung du benötigst, um die Beine nach oben zu strecken. Bitte einen anderen Voltigierer, dir Hilfestellung zu leisten, falls du zu viel Schwung geholt hast und nach vorn abkippst.

Auch diese Situation solltest du am Übungspferd ausprobieren, denn sie kommt oft vor. Wenn du merkst, dass du das Gleichgewicht nicht halten kannst und abkippst, dann mach dich ganz klein und rund und gehe mit einer Rolle ab.

Stehen

Ab Leistungsklasse C ist Stehen eine Pflichtübung, außerdem wird es in vielen Variationen in der Kür benötigt.

Und so funktioniert's

Knie weich mit beiden Beinen gleichzeitig aus dem Grundsitz auf.

Hocke mit beiden Beinen weich auf.

Dein Blick geht nach vorne zwischen den Pferdeohren hindurch.

Richte deinen Oberkörper langsam auf, nimm dein Kinn hoch.

Schiebe die Hüfte leicht vor.

Deine Knie bleiben leicht angewinkelt zum Mitfedern des Galoppsprunges.

Als Pflichtübung in C, B und A werden die Arme langsam in Seithalte genommen und die Übung wird mindestens vier Galoppsprünge gehalten (bis fünf zählen).

So baust du die Übung wieder ab: Nähere deine Hände langsam den Griffen, stütze dich ab und bücke dich ein, gleite weich mit den Beinen am Pferd entlang und sitze weich ein.

Jede Kürübung muss mindestens drei Galoppsprünge gehalten werden.

Spickzettel

- Knien
- Kopf vor den Gurt, Abstützen mit der Schulter
- Bauch und Gesäß anspannen, hochdrücken
- Beine ausstrecken

Tipp vom Profi:

Die Technik des Stehens ist leicht erlernbar. Das eigentliche Stehen jedoch beginnt in deinem Kopf: Stell dir vor, du bist ein Baum, dessen Wurzeln im Pferd verankert sind. Kein Sturm und kein Erdbeben können deinen Stamm und deine Äste erschüttern.

Bau die Übung ganz langsam auf. Du hast dafür alle Zeit der Welt. Finde den richtigen Platz für deine Füße und bleibe auf der ganzen Sohle stehen.

Bei dieser Übung ist es sehr wichtig, dass du dein Kinn hoch hältst und nicht nach unten auf das Pferd schaust. Zähle in der Reithalle die Balken oder die Fenster. Konzentriere dich auf Gegenstände in deiner Augenhöhe.

Harmonie mit dem Pferd und Rhythmusgefühl sind beim Stehen wichtig.

Dafür gibt es beim Turnier Abzug

Es gibt einen Punkt Abzug für jeden fehlenden Galoppsprung. Null Punkte bekommst du, wenn du das Gleichgewicht verlierst und die Übung zusammenbricht, so dass du wiederholen musst.

Das Fünf-Minuten-Programm für sicheres Stehen

Stelle dich auf einen großen Gymnastikball, rechts und links mit Hilfestellung durch Partner.

Stelle dich auf eine am Boden liegende Hindernisstange und zähle dabei bis zehn.

Balanciere auf Cavaletti, beim Spazierengehen auf kleinen Mauern, gefällten Baumstämmen im Wald und so weiter. Gehe aber

Lukino meint dazu:

Oft werde ich langsamer, wenn du auf mir stehst, weil du mir entweder mit deinen Fersen oder mit den Zehenspitzen in den Rücken bohrst. Das tut nicht gerade gut. Ich kann gleichmäßiger unter dir galoppieren, wenn du mit deiner ganzen Fußsohle auf mir stehst und in meinem Takt mit den Knien weich mitfederst.

Die Standwaage auf dem Cavalletti trainiert dein Gleichgewicht.

nur auf Mauern und Baumstämmen, die nicht so hoch sind, dass du dich beim Herunterfallen oder Abspringen verletzen kannst.

Stelle dich auf ein Bein, halte die Balance, zähle bis 20 und wechsle danach das Bein.

Stelle dich mit leicht gegrätschten Beinen hin, lass die Knie leicht angewinkelt. Halte diese Stellung bis 20. Du darfst dabei nicht federn. Hüftschwingen mit dem Hula-Hoop-Reifen macht besonderen Spaß.

Das kannst du alleine üben
auf dem Übungspferd

Übe den Aufbau der Übung: knien, aufhocken mit beiden Beinen, Aufrichten des Oberkörpers, Vorschieben der Hüften, Knie leicht anwinkeln, Arme langsam in Seithalte.

Kontrolliere dich im Spiegel!

Stell dich auch auf dem Übungspferd auf ein Bein, aushalten, bis 20 zählen. So kannst du dich an die Höhe gewöhnen.

Spickzettel

- Knien, aufhocken, Oberkörper aufrichten, Hüften vorschieben
- Kinn hoch, Blick geradeaus, Arme langsam in Seithalte
- Denk an den Baum mit seinen Wurzeln!

Fantasie
ist gefragt: die **Kür**

9

Der interessanteste Teil des Voltigierens ist die Kür. Dabei zeigen die Voltigierer allein, zu zweit oder ab Leistungsklasse C auch zu dritt Übungen zu passender Instrumentalmusik (nur mit Instrumenten, ohne Gesang).

Es ist ein hartes Stück Arbeit für Ausbilder und Voltigierer, bis eine Kür entstanden ist und sicher ausgeführt wird. Sie ist immer ein Gemeinschaftswerk von Ausbilder und Gruppe und macht allen am meisten Spaß. Die wichtigste Grundvoraussetzung ist jedenfalls: Viel Fantasie mitbringen!

Es gibt viele verschiedene Möglichkeiten für eine Kür, deshalb werden in diesem Buch ganz bewusst keine einzelnen Kürübungen vorgestellt. Du und deine Voltigiergruppe, ihr müsst euch für eine schöne Kür schon den eigenen Kopf zerbrechen.

So sieht die ideale Kür aus

Sie wird sicher ausgeführt, es sind keine „Wackler" darin.

Alle Voltigierer sind daran beteiligt. Es kommen nicht nur die Großen dran, sondern auch die Kleinen haben ihren Anteil.

Das Pferd wird „umturnt". Das heißt, Übungen vorwärts, rückwärts, seitwärts, auf dem Pferderücken, auf dem Pferdehals, in den Schlaufen, alleine oder zu zweit (oder ab Leistungsklasse C auch zu dritt), übereinan-

Eine einfache Kürübung für zwei gleich große Voltigierer

der, hintereinander und nebeneinander wechseln sich ab. Die Übungen werden durch Übergänge miteinander verbunden.

Die Auf- und Abgänge variieren: Aufsprung ins Knie, in den Außensitz, in den Liegestütz und so weiter.

Tipp vom Profi:

Nur sicher turnbare Kürübungen zeigen, lieber eine leichtere Variante wählen! Für den Anfang ist es einfacher, eine Musik ohne besondere dramatische Höhepunkte zu wählen. Die Musik soll die Kür eher begleiten. Später können Übungen und Bewegungen dann passend zur Musik eingeübt werden.

Achtet darauf, dass bei den D-Gruppen mindestens zehn der in der LPO (Leistungs-Prüfungs-Ordnung) vorgeschriebenen Pflichtkürübungen eingebaut sind.

Besucht viele Turniere und schaut euch die Küren in eurer Leistungsklasse, aber auch in den anderen Leistungsklassen an. Probiert die Übungen, die euch gut gefallen haben, für eure eigene Kür aus.

Kürübungen probiert ihr zuerst am Übungspferd aus, dann im Schritt auf dem Pferd und zum Schluss von der Grobform bis zur Feinform im Galopp.

Eine Kür folgt immer einem Spannungsbogen: entweder sie fängt mit einem richtigen „Hingucker", einer tollen Übung oder mit gut geturnten, sicheren Übungen an, steigert sich dann in der Schwierigkeit und endet mit einem besonderen Höhepunkt. Solch ein Höhepunkt muss nicht unbedingt eine sehr schwierige Übung sein – auch eine Doppelübung mit besonderen Armbewegungen kann toll wirken.

Fahne auf dem Hals rücklings

Abgang aus dem Rückwärtssitz, vom Hals, mit Rollbewegung und so weiter.

Es wird keine Übung zweimal gezeigt.

Das Pferd ist nie „leer", das heißt ohne Voltigierer.

Statische und dynamische Übungen wechseln sich ab. Statische Übungen sind solche, die aufgebaut, dann mindestens drei Galoppsprünge ausgehalten und dann wieder abgebaut werden. Beispiele dafür sind: Doppelübung Sitzen/Knien, alle Variationen der Fahne, Doppelübung Fahne/Stehen oder Bank/Standwaage. Beispiele für dynamische Übungen, bei denen die Bewegung im Vordergrund steht, sind: Rolle rückwärts auf den Hals, Umsteiger auf den Hals, Bodensprung.

Die Musik passt zur Kür und die tänzerischen Arm- oder Körperbewegungen passen dazu.

Das kannst du für eure Kür tun

Überlege dir zusammen mit den anderen Voltigierern Variationen jeder Übung und schreibe oder zeichne sie mit Strichmännchen auf. Wie kann man sitzen, knien, stehen oder liegen? Welche Abwandlung gibt es zum Beispiel bei der Fahne? Fahne rückwärts, Fahne auf dem Pferdehals, Fahne quer. Sicher fallen dir und den anderen Voltis aus deiner Gruppe noch weitere Beispiele ein. Probiere alle Variationen jeder Übung zunächst alleine auf dem Übungspferd.

Eine Möglichkeit für die ganze Gruppe ist folgende Hausaufgabe:

Jeder übernimmt bis zur nächsten Voltigierstunde eine Übung und schreibt alle Variationen auf, die ihm dazu einfallen. In der nächsten Stunde wird alles auf dem Übungspferd ausprobiert.

Welche Kürübungen, die keine Variationen der Pflichtübungen sind, kennst du schon? Wie geht zum Beispiel eine Rolle vom Sitz rückwärts auf den Hals? Lass dir vom Ausbilder den Kürkatalog geben, den Ablauf der Übungen zeigen und erklären und probiere alle auf dem Übungspferd aus.

Überlege zusammen mit der Gruppe, welche Übungen zu zweit durchgeführt werden können. Dabei muss sich jeder mit jedem eine Doppelübung ausdenken und auf dem Übungspferd ausprobieren. So wird verhindert, dass immer nur die besten Freundinnen zusammen üben.

Ihr findet so auch heraus, wer mit wem zusammen am besten eine bestimmte Übung ausführen kann. Das hat nichts damit zu tun, ob du einen anderen Voltigierer besonders magst oder nicht. Oft liegt es an der Größe zweier Voltigierer, dass eine Übung nicht gut

Auch knien kann man rücklings.

klappt. Es ist zum Beispiel bei einer Doppelfahne sinnvoll, wenn der Vordermann kleiner ist als der Hintermann.

Bei Übungen übereinander, zum Beispiel beim Knien auf der Bank, muss der Untermann natürlich größer und kräftiger sein als der Obermann. Es ist auch fast unmöglich, dass eine kleine Voltigiererin auf dem Hals sitzend einen großen Voltigierer in der Standwaage

Stützkraft und Körperspannung sind gefragt bei der Bank rücklings.

Stehen über der Bank

Hier ist das Größenverhältnis optimal.

Dazu gehört Mut: Grätschwinkelsprung.

tigieren erlaubt: Spickzettel! Bastelt euch DIN-A5-Karten mit Strichmännchenzeichnungen von Kürübungen, die ihr schon mal gesehen habt, oder ihr zeichnet sie aus dem Kürkatalog ab. Danach lassen sich Kürübungen ganz einfach nachturnen und ausprobieren. Mit der Zeit bekommt die Gruppe ihren eigenen Kürkatalog zusammen, auf den sie immer wieder mal zurückgreifen kann.

Probiere auch ganz ungeniert Armbewegungen zu den Übungen. Bewege dabei die Arme langsam und schau deinen Händen nach. Es ist egal, ob die Bewegungen klein oder groß sind, konzentriere dich dabei und mache die Bewegungen bewusst langsam und deutlich.

Es ist vielleicht ein bisschen peinlich, wenn die anderen dir dabei zusehen und lachen. Eine Möglichkeit für alle ist es, gemeinsam miteinander zu eurer Lieblingsmusik zu tanzen, um die Scheu vor neuen Bewegungen und vor Zuschauern zu verlieren. Außerdem macht das einen Riesenspaß!

Wenn sich allmählich zeigt, wer mit wem die besten Kürübungen am Übungspferd ausführen kann, probiert ihr diese Übungen im Schritt auf dem Pferd. Lasst euch nicht entmutigen, wenn etwas nicht auf Anhieb klappt. Überlegt euch, ob ihr anders greifen könnt oder wie ihr eine Übung aufbauen müsst, damit ihr euch nicht gegenseitig im Weg seid.

Auch die Kürübungen, die jeder allein macht, müssen zuerst im Schritt auf dem Pferd probiert werden.

Sobald ihr wisst, wie ihr greifen müsst, wer was zuerst macht, und sobald ihr genügend Sicherheit im Schritt habt, könnt ihr eure Kürübungen alleine und zu zweit im Galopp versuchen.

Während die Pferde im Schritt meistens alle Übungen mitmachen, kann es durchaus sein, dass sie bei manchen Übungen im Galopp Protest anmelden. Das kann sich äußern in Langsamwerden und Stehenblei-

stützen kann. Wenn eine Übung nicht klappt, tauscht versuchshalber einmal die Rollen.

Vergesst auch nicht die Variationen von Auf- und Abgängen, alleine oder zu zweit. Für die Aufsprünge und Bodensprünge ist ein Minitrampolin am Übungspferd sehr hilfreich. Was in der Schule verboten ist, ist beim Vol-

ben oder im Gegenteil mit Durchgehen und Davonrennen oder auch durch Buckeln. Auf jeden Fall muss auch auf die leisesten Anzeichen Rücksicht genommen werden. Notfalls muss eine Übung gestrichen oder umgeändert werden.

Sicher hat der Ausbilder viele gute Tipps und Ideen parat. Arbeitet gemeinsam sorgfältig an eurer Kür. Jeder Trainer ist froh, wenn die Voltigierer eigene Ideen für eine Kür haben. Manche Ausbilder stellen die Kür für ihre Gruppe ganz alleine zu Hause im stillen Kämmerchen zusammen. Alles ist möglich!

Bis zu diesem Zeitpunkt hat sich herausgestellt, was alles an Einzel- und Doppelübungen möglich ist und wer welche Übungen besonders gut kann. Jeder in der Gruppe hat seine Stärken, Schwächen und Vorlieben herausgefunden. Zusammen mit dem Ausbilder müsst ihr nun die Einzel- und Doppelübungen in eine Reihenfolge bringen und sie miteinander zu einer harmonischen Kür mit

Lukino meint dazu:

Nicht nur für eure Pflichtübungen leiste ich Schwerstarbeit, sondern gerade in der Kür. Es ist sehr schwer für mich, immer im Gleichgewicht zu galoppieren, wenn ihr zu zweit auf mir herumturnt und dabei immer wieder den Schwerpunkt verlagert: mal auf meinen Rücken, mal auf meinen Hals. Ich gebe ja mein Bestes, um euch alle zu unterstützen. Bitte hört aber auf mich, wenn ich euch zeige, dass ich eine bestimmte Übung nicht mag.

verschiedenen Auf- und Abgängen verbinden. Die Zeit für Pflicht und Kür darf bei einer D-Gruppe elf Minuten nicht überschreiten.

Kennst du Musikstücke, die für eine Kür passend wären? Es darf dabei aber nicht gesungen werden. Bringe eine Kassette oder die CD mit der Musik doch einfach mal mit, damit sie Ausbilder und Gruppe gemeinsam hören können.

Es geht zum **Turnier!**

10

Es ist für die ganze Gruppe und natürlich auch für den Ausbilder sehr aufregend, wenn ein Turnierstart auf dem Plan steht. Hier nun steht alles Wissenswerte, damit du Bescheid weißt, was alles beim Turnier auf dich und die Gruppe zukommt.

Der Tag vor dem Turnier

Der Turnierstart rückt näher und näher und die Aufregung nimmt zu. Wirst du und die

Gruppe es schaffen, zusammen mit eurem Pferd und eurem Longenführer eine gute Vorstellung zu zeigen? Hast du dir die richtige Reihenfolge der Pflichtübungen eingeprägt? Wird niemand eine Übung vergessen? Ist eure Kür sicher und nicht verwackelt? Wird auch niemand herunterfallen? Schaffen auch die kleineren Voltigierer eurer Gruppe den Aufsprung? Wird euch das Pferd auch nicht im Stich lassen? Werdet ihr wohl gute Noten bekommen? Diese Gedanken gehen allen durch den Kopf. Da hilft nur eins: Du musst dich beschäftigen! Trefft euch alle im Stall und erledigt die Vorbereitungen für den Turnierstart gemeinsam.

Im Mittelpunkt steht dabei natürlich euer Voltigierpferd. Es wird gründlich geputzt. Falls es warm genug ist, kein starker Wind weht und das Pferd dies mag und gewöhnt ist, kann es auch mit dem Wasserschlauch abgeduscht werden. Schweif und Mähne können mit Shampoo gewaschen werden. Achte darauf, dass auf keinen Fall Wasser in die Pferdeohren kommt. Die Hufe werden gründlich ausgekratzt und unter fließendem Wasser mit einer Bürste innen und außen gereinigt. Nach der Wäsche musst du das Fell mit dem Schweißmesser abziehen, damit so viel Wasser wie möglich aus dem Fell herausgedrückt wird. An den hervorstehenden Knochen wie Ellbogen, Widerrist und Hüften musst du natürlich sehr vorsichtig sein. Danach führst du das Pferd so lange, bis es trocken ist. Anschließend wird es auf Hochglanz geputzt. Die Hufe fettest du innen und außen mit Huffett, damit sie schön glänzen.

Der Schweif wird vorsichtig verlesen und die Mähne anschließend eingeflochten. Es bleibt eurem Ausbilder und euch selbst überlassen, wer das erledigt. Manche Voltigiergruppen sind richtige Einflechtkünstler!

Besonders Schimmel (aber auch andere Pferde) haben die unangenehme Eigenschaft, sich nachts in ihren eigenen Mist oder auf der Koppel in ein Matschloch zu legen, wenn man sie gerade besonders gründlich und schön geputzt hat, weil man am nächsten Tag zum Turnier möchte. Das lässt sich nur bedingt verhindern, zum Beispiel mit einer Stalldecke. Oder man lässt sie für diesen Tag nicht mehr auf die Koppel. Speziell für Schimmel gibt es ein Reinigungsmittel, das ganz schnell die hässlichen gelben Mistflecken verschwinden lässt. Ansonsten hilft nur: rechtzeitig am Turniertag im Stall sein und putzen, putzen, putzen ...

Tipp vom Profi:

Vorsicht beim Trockenführen nach dem Waschen. Manche Pferde haben das unwiderstehliche Verlangen, sich hinzulegen und zu wälzen, wenn sie feucht sind. Das geht manchmal ganz schnell, besonders wenn der Kopf des Pferdes schon beim Fressen in einem Grasbüschel steckt. Besonders verlockend für ein nasses Pferd ist übrigens Gras, Sandboden oder der Boden in der Reithalle. Hinterher sieht euer Pferd dann wie paniert aus und alle Mühe war umsonst. Du kannst das Wälzen nur verhindern, indem du zügig vorwärts gehst und dem Pferd nicht erlaubst, seinen Kopf in Richtung Boden zu bringen.

So wird das Einflechten gemacht

Du stehst auf einem Hocker neben dem angebundenen Pferd. Es gibt mehrere Möglichkeiten, einem Pferd die Mähne einzuflechten. Es kommt auf euren persönlichen Geschmack und vor allem auf die Länge und Dichte der Mähne an.

Bei einer sehr langen, dichten Mähne sieht ein spanischer Zopf entlang des Mähnenkamms toll aus. Bei einer kurz verzogenen Mähne passen traditionelle Zöpfchen sehr gut. Für ganz lange Mähnenhaare eignet sich ein Netz.

Für die klassischen Zöpfchen muss die Mähne relativ kurz und vor allem gleich lang sein, dann fällt das Flechten, Umschlagen und Umwickeln mit Klebeband leichter.

Manche schlagen lange Zöpfchen nur einmal um und erhalten dann so genannte

Affenschaukeln. Oft wird auch der Schopf eingeflochten, umgeschlagen und mit Klebeband fixiert. Auch den Schweif kann man sehr schön einflechten.

Dieser Schweif wurde mit einem französischen Zopf eingeflochten.

Tipp vom Profi:

Eine umgedrehte Sprudelkiste findet sich in jedem Reiterstübchen, wenn du keinen Hocker hast.

Zum Einflechten darf sich das Pferd nicht sehr bewegen, sonst werden die Zöpfchen nicht schön. Lass dir von einer Freundin helfen, die das Pferd ablenkt und beschäftigt.

Spanischer Zopf

Beginnend ganz nach Laune hinter den Ohren oder am Widerrist teilst du drei Strähnen ab, die du zum Zopf zu flechten beginnst.

Bei jeder Flechttour nimmst du vom Mähnenkamm wieder eine Strähne dazu. Achte darauf, dass du ganz nahe am Mähnenkamm und sehr fest flichst.

Zur Sicherheit kann der Zopf bei jeder zweiten Flechttour mit einem Mähnengummi umwickelt werden.

Ein buntes Satinband in der Farbe eurer Anzüge kann ebenfalls mit hineingeflochten werden.

Hier entsteht bei Lukino ein spanischer Zopf.

Lukino meint dazu:

Der spanische Zopf ist mein absoluter Favorit, damit sehe ich einfach umwerfend aus – findet Ihr nicht auch?

Klassische Turnierzöpfchen sehen auch spitze aus.

Klassische Turnierzöpfchen

Du feuchtest die Mähne mit einem Schwamm gut an und teilst sie in einzelne Strähnchen ab, die du locker mit einem Mähnengummi umwickelst. So kannst du kontrollieren, ob jedes Strähnchen gleich dick ist. Jede Strähne wird jetzt zum Zopf geflochten, mit Mähnengummis gehalten und anschließend nochmals ein oder zwei Mal umgeschlagen und wieder mit Mähnengummis umwickelt. Zum Schluss wird weißes oder buntes Klebeband um jedes Zöpfchen gewickelt.

Mähnennetz

Das ist die aufwendigste Art, eine Mähne einzuflechten. Sie eignet sich wirklich nur für sehr lange, dichte Mähnen. Du teilst die Mähne wieder in gleich lange Strähnen, die du mit Mähnengummis hältst. Von jeder Strähne teilst du die Hälfte ab und fixierst sie zusammen mit der Hälfte der nächsten Strähne. So machst du weiter, bis das Netz fertig ist. Die Verbindungsstellen kannst du über den Mähnengummis noch mit Klebeband verschönern.

Die Pflege der Ausrüstung

Ehrensache, dass alle Mitglieder der Voltigiergruppe die Ausrüstung auf Hochglanz polieren. Gemeinsam macht das sogar eine Menge Spaß. Man hat endlich einmal Zeit zum Tratschen, das lenkt auch von der Nervosität ab. Jetzt ist vor dem Turnier die letz-

Lukino meint dazu:

Wenn du meinen frisch gewaschenen und Haar für Haar verlesenen Schweif noch feucht zu einem dicken Zopf flichst, habe ich am nächsten Tag, wenn du den Zopf aufmachst, einen richtig tollen Schweif mit Dauerwelle. Das sieht super aus!

te Gelegenheit, den Zustand der Ausrüstung zu überprüfen und notfalls Teile zu ersetzen.

Das braucht ihr:
- Wasser
- Handbürste
- Sattelseife
- Lederfett oder Lederöl
- Schwamm
- Lappen (zum Beispiel ein altes Geschirrtuch oder Ähnliches)
- Handtuch (nimm besser nicht das neueste Frotteehandtuch deiner Mutti, sondern ein altes, ausgedientes)

Du suchst dir mit deinen Voltigierfreundinnen und -freunden ein ruhiges Plätzchen. Die Trense wird auseinander gebaut.

Vorsicht! Du musst die Trense hinterher wieder richtig zusammensetzen können. Alle Lederteile der Ausrüstung werden mit Wasser, Schwamm und Sattelseife gereinigt. Starke Verschmutzungen wie zum Beispiel an den Gebissringen können vorsichtig mit der Handbürste gereinigt werden.

Danach wird alles mit dem Handtuch abgetrocknet und die Lederteile anschließend mit dem Lappen und Lederfett oder Lederöl eingeölt.

Aber Achtung: Da das Leder hinterher schön weich und ein bisschen rutschig ist, darfst du die Griffe und Schlaufen am Gurt nicht mit Lederöl oder Lederfett behandeln!

Über die Schaumstoffunterlage und das Pad werden zum Schluss die Turnierbezüge gezogen.

Bevor ihr dabei mithelft, bitte Hände waschen, sonst sind die schönen Bezüge ganz schnell schmutzig.

Es bleibt natürlich der Gruppe und dem Ausbilder überlassen, in welcher Farbe diese Überzüge gehalten sind. Es sieht sehr schön aus, wenn sie die gleichen Farben wie die Turnieranzüge haben.

Tipp vom Profi:

Bewahre in einer kleinen Plastiktüte eine alte Zahnbürste auf, die du immer wieder mal mit Lederöl tränkst. Streiche mit dieser Zahnbürste jedes Mal über Trense und Gurt, bevor die Sachen nach dem Volti-Training aufgeräumt werden. Das geht ganz schnell und so bleibt die Ausrüstung immer schön geschmeidig und hält viel länger!

Weitere Vorbereitungen

Zum Abschluss des Tages musst du aber auch ein bisschen an dich selbst denken. Zu Hause kannst du ein schönes Bad nehmen, das

Checkliste für Voltigierer   eingepackt?

- Turnieranzug (Trikot) mit Rücken- oder Armnummer
- Söckchen (richtige Farbe?), eventuell Ersatzsöckchen
- Turnierschläppchen (Ersatzschläppchen)
- Jogginganzug
- Haargummis, Spängchen, Haarbänder, Haarspray und so weiter
- Ersatz-T-Shirt
- Papiertaschentücher, Handtuch
- Beutelchen für Schmuck, Uhr, Ohrringe (falls du diese Sachen nicht lieber sowieso zu Hause lässt)
- Geldbeutel (mit Geld!)
- persönlich wichtige Dinge (Glücksbringer, Plüschtier und so weiter)
- Proviant, Getränk, Schokoriegel (falls gewünscht)

entspannt ganz toll. Auch deine Lieblingsmusik kann dir beim Abschalten helfen. Pack dann in aller Ruhe deine Tasche für den morgigen Wettkampf. Du kannst diese Liste nach Belieben erweitern und nach Erledigung abhaken. So bist du ganz sicher, dass du nichts vergessen hast.

Am Abend vor dem Turnier ist es wichtig, dass du keine schwere Mahlzeit zu dir nimmst, damit du gut schlafen kannst. Mit vollem Bauch geht das nämlich nicht.

Manche Voltigiergruppen treffen sich auch zum gemeinsamen Spaghetti- oder Pizzaessen. Heute ist aber leider nicht der richtige Zeitpunkt für eine lange Partynacht. Das müsst ihr an einem anderen Tag nach dem Turnier machen. Die ganze Volti-Gruppe muss für den wichtigen Tag ausgeschlafen und richtig fit sein.

Turniertag!

Jetzt wird's ernst. Stell dir deinen Wecker rechtzeitig, damit du genügend Zeit für dich und ein schönes Frühstück hast. Bleibe ganz ruhig und lass dich von nichts und niemandem nervös machen, weder von aufgeregten Eltern noch von nervigen Geschwistern. Deine Familie fiebert ganz bestimmt mit dir mit.

Ihr trefft euch alle rechtzeitig im Stall. Die Uhrzeit teilt dein Ausbilder mit und auch, ob ihr alle bereits in den Turnieranzügen mit Jogginganzügen darüber oder in Straßenkleidung erscheint. Es ist nämlich mal wieder Putzen angesagt: Euer Pferd muss nochmals sauber gemacht werden, die Hufe werden ausgekratzt und mit Huffett behandelt, damit sie auch ja schön glänzen. Mähnenzöpfchen, die über Nacht aufgegangen sind, werden neu geflochten und mit Klebeband umwickelt. Der Schweif wird erneut verlesen und vielleicht zu einem französischen Zopf eingeflochten. Das alles ist eine Menge Arbeit.

Damit ihr alles in Ruhe und ohne Hektik erledigen könnt, müsst ihr wirklich genügend Zeit dafür haben. Kalkuliert lieber eine halbe Stunde mehr für diese Arbeiten ein.

Die Ausrüstung für Pferd und Voltigiergruppe

Jetzt wird es Zeit, die gesamte Ausrüstung zu holen und sie ins Auto oder den Pferdehänger einzuladen. Verteilt lange vor dem Turniertag, wer für welches Ausrüstungsteil verantwortlich ist. Die Verantwortung endet erst, wenn nach der Rückkehr vom Turnier alles wieder an seinem Platz eingeräumt ist.

Ihr müsst also schauen, dass am Ende des Turniertages auch alles wieder mit nach Hause genommen wird. Vor der Abfahrt wird der Ausbilder überprüfen, ob alles vorhanden ist.

Ist alles verstaut, wird dem Pferd – falls notwendig – eine Transportdecke aufgelegt und die Transportgamaschen an seine Beine angelegt. Dann kann das Pferd verladen werden und die Reise zum Turnier geht für Pferd, Voltigierer und mitreisende Schlachtenbummler und Fans endlich los.

Die Ankunft auf dem Turnierplatz

Nach der Ankunft auf dem Turnierplatz bleibst du am besten bei deiner Gruppe.

Der Longenführer oder ein Betreuer begibt sich zur Meldestelle. Dort wird die Startbereitschaft erklärt, der Leistungsnachweis abgegeben und man erfährt auch die genaue Startzeit. Im Musikraum werden die Musikkassetten oder die CD abgegeben. Sie müssen so gespult beziehungsweise gekennzeichnet sein, dass sofort nach Einlegen und Drücken der Starttaste in der Musikanlage die richtige Musik ertönt. Anschließend wird der Longenführer die genaue Uhrzeit angeben, wann das Pferd zum Start gerichtet wird. Selbstverständlich ist reichlich Zeit für das Führen des Pferdes im Schritt, das Ablongieren des Pferdes und das Aufwärmen der Voltigier-

Ausrüstung für Pferd und Voltigierer	verantwortlich	eingepackt?
Gurtunterlage mit Überzug		
Voltigierdecke (Pad) mit Überzug		
Voltigiergurt		
Ausbindezügel		
Dreieckszügel/Laufferzügel		
Trense		
Bandagen und/oder Gamaschen		
Fliegenkappe (falls notwendig)		
Sattelholz		
Longe und Ersatzlonge		
Peitsche, eventuell Ersatzpeitsche		
Abschwitzdecke und/oder Fliegendecke (je nach Jahreszeit)		
Insektenmittel (je nach Jahreszeit)		
Transportdecke, Transportgamaschen		
Ersatzstallhalfter, Ersatzanbindestrick		
Zwei Eimer (für Wasser und Kraftfutter)		
Heu und/oder Stroh		
Futter fürs Pferd (Kraftfutter, Spezialfutter, Müsli)		
Putzzeug		
Ersatzmähnengummis, Klebeband		
Erste-Hilfe-Set für Pferde		
Erste-Hilfe-Set für Menschen		
Musikkassetten für Ein-/Auslauf, Pflicht und Kür, zurückgespult und mit Gruppenname und Verein auf der Kassette und der Hülle versehen, oder auch CD		
Voltigierausweise, Leistungsnachweise		
Pferdepass		
Kleidung und Handschuhe des Longenführers		
Wegbeschreibung, Straßenkarten		

Diese Liste kann natürlich beliebig verändert und erweitert werden.

gruppe eingeplant. Bis dahin haben die Voltigierer Zeit, den anderen Gruppen im Wettkampfzirkel zuzuschauen, sich gegenseitig die Haare zu frisieren, falls das nicht die Mutti schon zu Hause erledigt hat. Macht dies aber bitte nicht mitten auf der Tribüne, wo dann unschuldige Zuschauer in Wolken von Haarspray eingenebelt werden.

Wichtig ist, dass immer jemand beim Pferd bleibt, falls dieses aus irgendeinem Grund unruhig wird. Ihr könnt euch beim Gesellschaftleisten gerne abwechseln.

15 Minuten vor dem vereinbarten Zeitpunkt solltest du dich umziehen, damit du dich pünktlich beim Pferdehänger einfindest, die Frisuren sind ja fertig, Turnieranzug mit Arm- oder Rückennummer, Söckchen in der richtigen Farbe, darüber je nach Witterung Jogginganzug oder Gymnastikhose und T-Shirt, Turnschuhe oder schon Schläppchen. Nichts ist schlimmer für Longenführer und Voltigiergruppe, als wenn ein Mitglied fehlt und gesucht werden muss.

Dann wird das Pferd aus dem Pferdehänger ausgeladen. Sollte nirgendwo eine Möglichkeit zum Anbinden vorhanden sein, muss das Pferd an einem Anbindestrick gehalten werden. Die Transportdecke und die Transportgamaschen werden abgenommen und das Pferd wird nochmals geputzt. Dann werden die Pferdebeine bandagiert, Schaumstoff, Decke und Gurt aufgelegt und getrenst. Du kannst dabei helfen, indem du und die anderen Voltigierer die Ausrüstungsgegenstände bereithalten. Ganz sicher ist auch der Longenführer ein wenig aufgeregt und daher ganz dankbar, wenn alles reibungslos und mit Ruhe und Gelassenheit abläuft und die Gruppe gut zusammenarbeitet. Seid geduldig mit eurem Pferd, es hat sehr feine Sinne und merkt, dass jetzt alle vor dem Start nervös sind. Hinzu kommen die fremde Umgebung und die vielen Menschen – vielleicht lässt es sich davon anstecken.

Das Aufwärmprogramm

Sobald das Pferd komplett hergerichtet ist, begeben sich Pferd, Longenführer und Voltigiergruppe zum Ablongierzirkel.

Sattelholz – falls benötigt – und Peitsche nicht vergessen! Während des Führens und Ablongierens wärmt ihr euch selbstständig auf. Sicher habt ihr dafür ein vorher eingeübtes Programm oder vielleicht hilft jemand von den Betreuern mit:

- zwei Minuten ruhiges Laufen (um den Ablongierplatz herum oder an einem anderen Ort in der Nähe, wo ihr beim Ablongieren niemand stört – man kann auch sehr gut auf der Stelle laufen)
- eine Minute Laufen mit Tempowechseln, Hüpfen, Rechts-Links-Galopp und Sprüngen
- zwei Minuten Gehen mit lockerem Armkreisen, Gehen auf den Zehenspitzen, Anfersen und Knieheben und mit

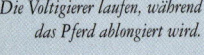
Die Voltigierer laufen, während das Pferd ablongiert wird.

Hier siehst Du einige Übungen des Aufwärmprogramms.

Strecksprüngen, Kreisen der Handgelenke, Öffnen und Schließen der Fäuste
- acht Übungen für acht Voltigierer: Jeder merkt sich eine Übung, die der Reihe nach von allen zusammen ausgeführt wird. Wichtig dabei ist: Die Übungen müssen ruhig und sanft ausgeführt

werden, nicht federnd und nie über die Schmerzgrenze hinaus. Atmet immer ganz bewusst. Bei jeder Übung langsam bis 20 zählen.

Dies sind nur Beispiele. Erarbeitet euch doch gemeinsam mit dem Ausbilder ein Aufwärmprogramm, das genau auf euch und eure

Hier ist ein Vorschlag für ein Aufwärmprogramm beim Turnier:

1. Hals- und oberer Rücken:	Kinn auf die Brust, Hände hinter den Kopf, der gegen die Brust gedrückt wird
2. Schultern und Oberarme:	Hand auf die Schulter des anderen Armes, mit der anderen Hand am Ellbogen langsam und sanft drücken
3. Brust:	Vornüber gebeugt an Band oder Stange stehen, die mit den Händen gehalten wird, und langsam den Oberkörper zwischen den Armen nach unten drücken
4. Oberschenkel und Gesäß:	Beine hoch an die Bande, das Standbein bleibt gestreckt, der Körper wird Richtung Bande gedrückt. Bis 20 zählen, danach wechseln
5. Oberschenkel und Hüfte:	Auf einem Bein stehend das andere an den Po ziehen. Bis 20 zählen, danach wechseln
6. Oberschenkel und unterer Rücken:	Ausfallschritt, der Oberkörper bleibt aufgerichtet, die Hüfte wird nach vorn geschoben, das hintere Bein bleibt gestreckt. Bis 20 zählen, danach wechseln
7. Unterschenkel:	Anlehnen mit Blick an die Bande oder eine Wand, ein Fuß wird weit nach hinten aufgesetzt, die gesamte Fußsohle belastet, bis die Spannung in der Wade spürbar wird. Bis 20 zählen, danach wechseln
8. Zehen:	Sitzen mit übergeschlagenem Bein, mit einer Hand Fuß und Zehen nach unten drücken. Bis 20 zählen, danach wechseln

Vorlieben abgestimmt ist. Jeder kann dann seine Lieblingsübung sinnvoll einbauen.

Bis zur Startaufstellung solltest du in Bewegung bleiben, damit die Muskeln nicht wieder kalt werden. Also: Bewegen, gehen, aber bitte nicht so, dass du total außer Atem in den Wettkampf gehen musst und schon vor dem Start völlig geschafft bist. Jetzt ist auch der richtige Zeitpunkt, euer eigenes Startritual abzuhalten, falls ihr so etwas habt oder möchtet. Manche Gruppen haben einen gemeinsamen Wettkampfruf, nehmen sich alle nochmals in den Arm oder bilden einen Kreis mit Longenführer und Pferd.

In der heißen Phase vor einem Wettkampf musst du daran denken, ruhig weiterzuatmen.

Auf der Tafel am Ablongierzirkel kannst du lesen, wann genau ihr an der Reihe seid. Ihr müsst mit dem Aufwärmen fertig sein, wenn die Gruppe, die direkt vor euch startet, in den Wettkampfzirkel einläuft. Dann ist der Zeitpunkt gekommen, die Aufmachung von Pferd und Voltigierern ein letztes Mal zu überprüfen:

- Sind beim Pferd alle Lederteile gut weggesteckt?
- Sitzt die Ausrüstung gut?
- Ist genügend nachgegurtet?
- Sitzen die Trikots richtig?
- Sind die Armnummern alle am gleichen Arm?
- Ist wirklich aller Schmuck abgelegt?
- Hat keiner mehr einen Kaugummi im Mund?

Alle eure Glücksbringer wie Plüschtiere und so weiter müssen den Wettkampf leider von außen begleiten, sie dürfen nicht mit in den Wettkampfzirkel hinein.

Die Prüfung

Ihr stellt euch wie zu Hause geübt hinter eurem Pferd auf, sobald die Gruppe vor euch ausläuft. Der Wettkampfzirkel wird geharkt und ihr werdet vom Hallensprecher angekündigt. Jetzt ganz ruhig bleiben! Im Wettkampfzirkel sitzen drei Richter an drei Tischen. Es gibt Richter A, B und C. Wenn Richter A mit seiner Glocke läutet, dürft ihr einlaufen, und zwar auf direktem Weg zu Richter A, der von euch gegrüßt wird. Auch das habt ihr ja zu Hause gut geübt.

Wir halten zusammen und geben unser Bestes!
Foto: Achleitner

Tipp vom Profi:
Es gibt so viele verschiedene Möglichkeiten zum Grüßen: Verbeugen oder Kopfnicken, Aufstellung in einer Reihe oder versetzt und so weiter. Wählt für den Anfang für die Gruppe eine einfache Grußaufstellung ohne viele theatralische Gesten und Bewegungen. Ein freundliches Gesicht mit Lächeln freut auch den Richter!

Die Gruppe hat sich aufgestellt und läuft in den Wettkampfzirkel ein.

Nach dem Grüßen wartet ihr, bis der Richter den Gruß erwidert. Danach läuft die Gruppe aus und stellt sich wie verabredet auf, am besten vor den Einlauf.

Das Pferd muss eine bis zwei Zirkelrunden traben, damit die Richter sehen, dass es nicht lahmt. Nach Ertönen der Richterglocke wird es angaloppiert.

Die Nr. 1 der Voltigiergruppe hebt die Hand zum Zeichen, dass die Musik jetzt beginnen kann.

Und endlich geht es los … Viel Glück!

Was tun, wenn …

… die Musik nicht beginnt oder die falsche Musik eingelegt wurde?

Notfalls müsst ihr ohne Musik den Wettkampf beginnen oder ganz bestreiten.

… euer Voltigierpferd plötzlich lahmt?

Es ist besser, wenn der Longenführer in so einem Fall durch Heben einer Hand mitteilt, dass die Gruppe aufgibt, auch wenn diese Entscheidung für euch alle sehr enttäuschend ist.

… der Gurt rutscht oder die Bandagen während des Wettbewerbs aufgehen?

Richter A wird durch Klingeln mit der Glocke den Wettkampf unterbrechen, der Gurt wird gerichtet beziehungsweise die Bandage wird entfernt und es kann weitergehen.

… einer aus der Gruppe herunterfällt und sich verletzt?

Der Wettbewerb wird durch den Richter A durch das Klingeln der Glocke unterbrochen, um die Verletzung versorgen zu lassen.

… ihr beim Klingeln von Richter A, der das Ende eurer erlaubten Zeit anzeigt, mit der Kür noch nicht zu Ende seid?

Die angefangene Kürübung wird zu Ende voltigiert, danach gehen alle Voltigierer sofort vom Pferd ab, sonst gibt es Abzüge.

Sogar das Pferd macht eine Verbeugung.

Am Ende der Kür pariert der Longenführer das Pferd zum Schritt durch. Die Nr. 1 der Voltigiergruppe läuft hinein, nimmt die Peitsche ab und fängt den Schlag ein. Ihr lauft hintereinander wieder vor Richter A. Dort erwarten die Gruppe schon Longenführer und Pferd. Ihr stellt euch nochmals zum Grüßen auf und wartet wieder, bis der Richter ebenfalls gegrüßt hat.

Dann lauft ihr im Takt der Musik unter dem Beifall des Publikums und eurer Fans aus. Geschafft! Ihr wart bestimmt ganz toll!

Nach der Prüfung

Nach dem Verlassen des Wettkampfzirkels ist es Zeit, euer Pferd zu loben.

Tut das mit Freude und ganz lange, aber bitte an einer Stelle, wo ihr niemandem im Weg seid. Dann nehmt ihr dem Pferd die Ausrüstung ab und legt je nach Jahreszeit eine Abschwitz- oder Fliegendecke auf.

Ihr selbst zieht euch feste Schuhe an und je nach Witterung T-Shirt oder Jogginganzug über. Danach führt ihr das Pferd im Schritt trocken. Euer Pferd und ihr habt euch

nach dem Ausschnaufen und Abschwitzen das Trinken redlich verdient. Bietet dem Pferd also frisches Wasser an und trinkt selbst genügend.

Wenn das Pferd dann wieder im Hänger steht, darf es in Ruhe sein Kraftfutter und Heu fressen. Auch jetzt muss wieder eine Aufsichtsperson beim Pferd bleiben.

Fragt an der Meldestelle, ob die Siegerehrung mit oder ohne Pferd stattfindet. Falls ihr eine der letzten Gruppen im Wettbewerb seid oder nur wenige Gruppen in eurem Wettbewerb starten, lohnt es sich oft nicht, das Pferd zu verladen, wenn die Siegerehrung mit Pferd erfolgt. In diesem Fall lockert ihr den Gurt ein wenig, legt dem Pferd über die Voltigierausrüstung eine Abschwitz- oder Fliegendecke auf und führt es bis zur Siegerehrung herum.

In der Zwischenzeit ist eure Wertnote bekannt gegeben und an der Tafel angeschrieben worden. Darauf seid ihr ganz bestimmt sehr neugierig. Egal wie diese Note auch ausfällt, ihr müsst sie erst mal akzeptieren. Freuen dürft ihr euch laut, sofern dies niemand stören kann und räumlich weit genug vom Wettkampf- und Ablongierzirkel entfernt ist. Es ist aber nicht sehr fair und sportlich, lautstark über die Richter, die Wertnote oder die anderen Voltigiergruppen zu schimpfen. Sollte einmal mit den Noten etwas nicht stimmen, wird der Ausbilder das Richtergremium oder die Rechenstelle um ein klärendes Gespräch bitten. Richter sind auch nur Menschen und bei so vielen Noten kann sich ein Mitarbeiter in der Rechenstelle schon einmal vertun.

Sollte die Siegerehrung mit Pferd sein, muss das Pferd nochmals geputzt und komplett gegurtet und getrenst werden. Die Voltigiergruppe muss vollständig antreten in einheitlicher Kleidung und Schuhen (Jogginganzüge und Turnschuhe oder Gymnastikanzüge mit Schläppchen).

Muss ein Mitglied der Gruppe vor der Siegerehrung heimfahren, bedarf es auf jeden Fall bei Richter A einer Entschuldigung durch den Trainer, sonst gibt es keine Schleife.

Nach der Siegerehrung werden dem Pferd wieder Transportdecke und Transportgamaschen angelegt und es wird verladen. Ihr verstaut alle Ausrüstungsgegenstände und eure persönlichen Taschen.

Kontrolliert anhand der Listen, ob ihr wirklich alles dabeihabt, und lauft sicherheitshalber nochmals über den Platz und durch die Halle. In der Meldestelle werden die Ergebnisbögen und die unterschriebenen und gestempelten Leistungsnachweise abgeholt, ebenso die Musikkassetten im Musikraum.

So ein Ergebnisbogen besteht aus sehr vielen Einzelnoten. Jede eurer Pflichtübungen ergibt eine Note, außerdem kommen noch die Noten für die Gestaltung und Ausführung der Kür sowie die Noten für das Pferd und das Longieren und den Gesamteindruck dazu. Lasst euch vom Ausbilder die einzelnen Noten erklären.

Vielen Dank! Du bist mal wieder super für uns galoppiert!

Sowohl die Leute in der Meldestelle als auch die in der Musikstelle freuen sich bestimmt über ein Dankeschön. Jetzt können alle den Heimweg antreten.

Wieder zu Hause

Zu Hause angekommen wird zuerst das Pferd ausgeladen und versorgt. Viele Pferde freuen sich, wenn sie sich nach getaner Arbeit ausgiebig wälzen können. Als Belohnung wäre auch – soweit es Witterung und Tageszeit zulassen – ein halbes Stündchen oder mehr auf der Weide denkbar. Vorher könnt ihr eurem Pferd mit dem Wasserschlauch die Beine abspritzen, vorausgesetzt, es mag dies gerne. Das Wasser kühlt beanspruchte Pferdebeine sehr gut. In der Zwischenzeit wird die Ausrüstung ausgeladen und jeder räumt nach der Kontrolle durch den Ausbilder seinen Teil wieder auf.

Steht euer Voltigierpferd dann zufrieden vor einem Heuhaufen in seiner Box, geht auch für euch ein langer, hoffentlich erfolgreicher, aber ganz sicher sehr anstrengender Turniertag zu Ende.

11

Das **Volti-Quiz**

25 Fragen zum Voltigieren

1. Wie führst du das Pferd?

B ☐ du gehst auf der linken Seite des Pferdes

R ☐ du gehst auf der rechten Seite des Pferdes

C ☐ du gehst vor dem Pferd her

2. Aus wie vielen Voltigierern besteht eine Turniermannschaft?

W ☐ so vielen, wie gerade Lust zum Voltigieren haben

E ☐ aus neun Voltigierern, acht dürfen starten, ein Ersatzvoltigierer

V ☐ aus höchstens drei Voltigierern, mehr passen nicht auf das Pferd

3. Das Anlaufen erfolgt ...

P ☐ von hinten quer am Pferd vorbei und dann nichts wie rauf

I ☐ entlang der Longe im Linksgalopp und im gleichen Takt wie das Pferd

U ☐ von außen um das Pferd herum

4. Müssen alle Voltigierer der Gruppe in der Kür eingebaut sein?

W ☐ nein, nur die vier besten Voltigierer zeigen die Kür

M ☐ ja, auch die kleineren Voltigierer müssen in der Kür eingebaut sein, nicht nur die großen

L ☐ nein, die Zeit würde ja gar nicht für alle reichen

5. Welche Schuhe sind außerhalb der Voltigierstunde für den Umgang mit dem Pferd sinnvoll?

N ☐ Voltigierschläppchen, die braucht man auch für die Volti-Stunde

V ☐ feste Schuhe, falls das Pferd einmal aus Versehen auf die Zehen tritt

S ☐ im Sommer natürlich Sandalen, wenn es heiß ist

6. Beim Putzen steht das Pferd am besten ...

T ☐ in seiner Box, da diese Ess-, Schlaf- und Badezimmer in einem ist

O ☐ angebunden auf der Stallgasse oder im Freien am Putzplatz

B ☐ mitten in der Reithalle, da dort der meiste Platz ist

7. Wie viel Zeit hat eine D-Gruppe für Pflicht und Kür?

U   bis sie fertig ist

L   elf Minuten

M   fünf Minuten

8. Beim Knien musst du beachten ...

T   dass du mit beiden Knien gleichzeitig aufkniest und dabei zuerst die Fußrücken, dann Unterschenkel und zuletzt die Knie belastest

W   dass die Knie ganz fest in den Pferderücken gedrückt werden, um Halt zu finden

B   dass sich die Knie möglichst weit voneinander entfernt befinden, um das Gleichgewicht zu halten

9. Wie viele Voltigierer dürfen in Leistungsklasse D in der Kür gemeinsam auf dem Pferd sein?

I   2

K   1

H   3

10. Warum muss man ein Pferd ansprechen, wenn man sich nähern will?

G   weil es ein Fluchttier ist und sonst erschrickt und vielleicht ausschlägt

O   damit es lernt, wie es heißt

D   damit die Voltigierer lernen, wie ihr Pferd heißt

11. Wofür wird die Bürste mit den dichten, weichen Borsten – die Kardätsche – verwendet?

V   für die Mähne

P   für die Hufe

I   zum Glattbürsten und Entfernen des allerkleinsten Stäubchens auf dem Pferdefell

12. Vor welchem Richter muss gegrüßt werden?

B   Richter B

S   Richter C

E   Richter A

13. Beim Aufsprung kommt welcher Körperteil zuerst oben an?

R   das rechte, gestreckte Bein, Oberkörper und Kopf zeigen Richtung Boden, das linke Bein liegt gestreckt am Pferdekörper an

D   der Po, darauf sitzt du ja schließlich

H   der Kopf, damit du einen besseren Überblick hast

14. Welche Musik wird zum Voltigieren verwendet?

E   nur Instrumentalmusik, keine Musik, bei der gesungen wird

A   nur klassische Musik

X   nur die neuesten Hits dürfen verwendet werden

15. Was macht ihr mit dem vielen Schmuck beim Voltigieren?

G   je mehr Schmuck, desto besser wird der Gesamteindruck bei den Richtern

J   Schmuck ist wichtig. An der Halskette zum Beispiel kann sich
       in der Kür der Partner festhalten

N   aller Schmuck wird vorher abgelegt, damit sich niemand damit
       verletzen kann und damit der Schmuck nicht verloren geht

16. Welches Putzwerkzeug benötigst du für den Schweif?

C   eine Haarbürste

B   den Nadelstriegel

G   keines, man muss den Schweif mit den Händen vorsichtig entwirren

17. Wo wird die Startbereitschaft erklärt
und wo werden die Leistungsnachweise abgegeben?

W   an der Musikstelle

N   an der Rechenstelle

E   an der Meldestelle

18. Beim Sitzen musst du welchen Körperteil spüren?

U   die Fersen müssen spürbar am Pferdebauch anliegen,
       sonst verlierst du den Halt

H   beide Pobacken mit den darin befindlichen Knochen (Sitzbeinhöckern),
       dann sitzt du schwer und im Gleichgewicht

S   die Knie müssen fest angepresst werden,
       sonst rutschst du leicht vom Pferd herunter

19. Wo stellt ihr euch während des Wettkampfs am besten auf?

V   der beste Platz ist direkt vor den Richtern,
       damit diese nicht alle Fehler sehen können

N   damit jeder nicht so viel Zeit zum Anlaufen benötigt, bleibt die ganze
       Gruppe am besten direkt beim Longenführer in der Zirkelmitte

T   ihr stellt euch in einer Reihe am besten vor den Einlauf,
       weil die meisten Pferde ganz genau wissen, wo es hinausgeht,
       und in diese Richtung vielleicht drängen

20. Wie läuft man beim Voltigieren aus dem Zirkel hinaus?

U   unter der Longe durch und dann ganz schnell vor dem Pferd her
zu den anderen Voltigierern

S   man bleibt stehen, bis das Pferd vorbei ist, und kann dann in einem
großen Bogen um die Pferdehinterbeine herum den Zirkel verlassen

B   man geht immer nur nach außen ab,
dann kann man gefahrlos gleich danach den Zirkel verlassen

21. Die Hufe werden ...

H   überhaupt nicht ausgekratzt,
da dies bei einem Wildpferd ja auch nicht gemacht wird

L   nur nach dem Voltigieren oder Reiten ausgekratzt

R   vor und nach dem Voltigieren oder Reiten ausgekratzt,
damit sich auf keinen Fall kleine Steine im Huf festsetzen können

22. Wie muss eine Voltigiergruppe zur Siegerehrung erscheinen?

F   in Straßenkleidung

U   vollzählig in einheitlicher Kleidung
(Gymnastikanzug mit Schläppchen oder Jogginganzug mit Turnschuhen)

G   das ist vollkommen egal, Hauptsache,
einer aus der Gruppe holt die Ehrenpreise ab

23. Wie erlangst du bei der Wende den nötigen Schwung?

L   je schneller das Pferd galoppiert, desto mehr Schwung bekommt man

N   je schneller die Beine nach hinten schwingen,
desto mehr Schwung bekommt man

A   je besser man sich von den Griffen wegdrückt,
desto mehr Schwung bekommt man

24. Was passiert, wenn der Gurt während des Wettkampfs rutscht?

D   Richter A wird den Wettkampf durch Klingeln unterbrechen,
der Gurt kann gerichtet werden und es geht weiter

L   die Gruppe wird disqualifiziert

W   eine gute Voltigiergruppe kann auch ohne
oder mit verrutschtem Gurt voltigieren

25. Was machst du, wenn bei einer Übung plötzlich das Pferd erschrickt und du merkst,
dass du dich nicht mehr oben halten kannst?

!   du machst sofort einen Notabgang: beide Hände an die Griffe,
Beine über den Rücken des Pferdes und über deinen Bauch abrutschen

?   du springst mit einem Salto ab, das gibt zusätzlich gute Noten

*   du versuchst dich mit aller Kraft oben zu halten

Lösung: ■■■■   ■■■■■■■■■■■   ■■■■■   ■■■■   ■

12 Kleines und großes **Hufeisen**, **Basispass** und die Deutschen **Voltigierabzeichen**

Beim Voltigieren gibt es eine ganze Anzahl von Prüfungen, die du ablegen kannst. Die Voraussetzungen dafür sind natürlich unterschiedlich. Es macht dir aber sicher Freude, wenn du siehst, dass du eine bestimmte Anforderung meisterst und dich dabei in deinen Leistungen auch steigerst.

Die allererste Prüfung, die ein Voltigierer machen kann, ist das Kleine Hufeisen. Dabei musst du im theoretischen Teil ganz allgemeine Dinge über Pferde wissen wie Führen, Putzen, Pferdefarben und Fütterung. Das alles interessiert ja einen Voltigierer sowieso sehr.

Im praktischen Teil zeigst du deine Übungen wahlweise im Schritt oder im Galopp. Bei bestandener Prüfung erhältst du eine Urkunde und ein kleines Abzeichen zum Anstecken.

Beim Großen Hufeisen fragt die Prüferin oder der Prüfer mehr über die Pferde im Allgemeinen und du zeigst die Voltigierübungen im Galopp.

Das Kleine und das Große Hufeisen sind Prüfungen, die dich zum Weiterlernen und Weiterüben anregen sollen.

Bevor du dann die sehr anspruchsvollen Deutschen Voltigierabzeichen ablegen darfst, musst du die Prüfung zum Basispass Pferdekunde bestehen. Dabei werden Kenntnisse im Führen, Pferdeanatomie, Futter, Krankheiten, Putzen, Gurten, Trensen und Verladen verlangt. Ein verantwortungsvoller Prüfer wird allerdings das Verladen nicht in der Praxis von dir verlangen, da dies nur Erwachsene tun sollten. Alle anderen Aufgaben musst du aber ganz sicher beherrschen.

Da es den Rahmen dieses Buches sprengen würde, wenn alles Wissen für das Kleine und Große Hufeisen und den Basispass hier

Deutsches Voltigier–Abzeichen
(Goldenes Voltigier–Abzeichen wird verliehen)

↑

Deutsches Voltigier–Abzeichen II
(Silbernes Voltigier–Abzeichen)

↑

Deutsches Voltigier–Abzeichen III
(Bronzenes Voltigier–Abzeichen)

↑

Deutsches Voltigier–Abzeichen IV
(Kleines Voltigier–Abzeichen)

↑

Basispass Pferdekunde

Kleines Hufeisen   Kombiniertes Hufeisen   Großes Hufeisen

beschrieben wäre, gebe ich dir am Schluss eine Liste mit Büchern, die du zum Thema lesen kannst.

Die nächste Stufe ist das Deutsche Voltigierabzeichen Klasse IV, das Kleine Voltigierabzeichen. Im praktischen Teil musst du die D-Pflicht zeigen und bei allen Übungen mindestens die Wertnote 5,0 erhalten. Im theoretischen Teil der Prüfung wirst du über allgemeine Pferdekunde und das Voltigieren geprüft.

Beim Deutschen Voltigierabzeichen Klasse III, dem Bronzenen Voltigierabzeichen, musst du Wertnoten von mindestens 5,5 bei der C-Pflicht erreichen. Im theoretischen Teil werden ebenfalls die allgemeine Pferdekunde und die Kenntnisse über Voltigieren geprüft.

Für das Deutsche Voltigierabzeichen Klasse II, das Silberne Voltigierabzeichen, musst du ebenfalls eine Prüfung ablegen, das Deutsche Voltigierabzeichen Klasse I, das Goldene Voltigierabzeichen, erhältst du verliehen, wenn du zehnmal in einem Einzelwettbewerb Klasse A gesiegt hast. Bis dahin ist noch ein weiter Weg!

Leider gibt es keine speziellen Bücher für das Voltigierabzeichen.

Was du über Pferdekunde wissen musst, kannst du dir aus Büchern für das Reitabzeichen holen, die speziellen Kenntnisse über das Voltigieren musst du dir aus der Leistungs-Prüfungs-Ordnung (LPO) der Deutschen Reiterlichen Vereinigung (FN) erarbeiten.

Literaturliste

Blume, Michael:
Akrobatik für Kinder und Jugendliche.
Meyer & Meyer, Aachen.

van Damsen, Birgit: Voltigieren lernen.
Müller Rüschlikon, Cham (CH).

FN-Tafeln Voltigieren.
FN Verlag, Warendorf.

Gast, Ulrike: Voltigieren in der Praxis.
Kosmos Verlag, Stuttgart.

Gast, Ulrike: Voltigieren – Mein Sport (Video).
Vogel TV-Produktion, Langwedel-Völkersen.

Gast, Ulrike/Rüsing-Brüggemann, Britta:
Voltigieren lernen – lehren.
FN Verlag, Warendorf.

Heldt, Ulli: Tipps für Zirkeltraining.
Meyer & Meyer, Aachen.

Himmerich, Carmen/Aschwer, Hermann:
Gymnastik für Kids. Meyer & Meyer, Aachen.

Jordan, Alexander/Linse, Maren:
Kräftigen und Dehnen.
Meyer & Meyer, Aachen.

Pietrzak, Inge-Marga:
Kinder mit Pferden stark machen.
Cadmos Verlag, Lüneburg.

Richtlinien Band 3 – Voltigieren.
FN Verlag, Warendorf.

Rieder, Ulrike:
Das Buch vom Voltigieren für Kinder.
FN Verlag, Warendorf.

Rieder, Ulrike: Voltigieren mit Spaß.
BLV-Verlag, München.

Rieder, Ulrike:
Voltigieren – vom Anfänger zum Könner.
BLV Verlag, München.

Schmelzer, Angelika: Basispass Pferdekunde.
Cadmos Verlag, Lüneburg.

von der Sode, Marie-Luise:
Mary Lous Ponyclub.
Cadmos Verlag, Lüneburg.

von der Sode, Marie-Luise:
Reiten nach Feldenkrais.
Cadmos Verlag, Lüneburg.

Zum Schluss ein kleines Dankeschön!

Herzlichen Dank sagen möchte ich allen Voltigiererinnen und Voltigierern, die sich geduldig und teilweise bei extremen Temperaturen als Fotomodelle zur Verfügung stellten.

Mein besonderer Dank gebührt meinen Freundinnen und Freunden, die mir zugetraut haben, dass ich dieses Buch tatsächlich schreibe, und die mich sehr dabei unterstützten:

Ulrike Rieder, 1. Vorsitzende der Interessengemeinschaft „Der Voltigierzirkel" und selbst Buchautorin, die in mir nie die Konkurrenz sah und mir mit Rat und Tat geholfen hat, Carola Hemminger, meine langjährige Freundin und Ausbilderin unserer Voltigiergruppe, Evelyn Wassmer, ebenso lange Jahre gute Freundin und Ausbilderin der Laichinger Gruppe, Wolfgang Renz, Topausbilder des Reitvereins Leonberg, Dorothee Rudolph, Freundin, Voltigierausbilderin und Buchhändlerin, die mich mit vielen Tipps aus ihrem Wissen über Bücher und deren Entstehung unterstützte, meinen geduldigen Korrekturlesern Harald Grimm (Regionaltrainer Württemberg, Voltigierlehrer und Richter), Linda Morhard (Voltigierrichterin), Christel Schlag und meinem Chef Dr. Thomas Schlag und nicht zuletzt meiner Familie, insbesondere meinem Mann Helmut, der in der ganzen Zeit, in der ich mein Buch schrieb, klaglos fast alle Hausarbeit (bis auf Bügeln) übernahm sowie den Kinder-, Pferde- und Hundedienst und der mich immer unterstützte und mir bei den letzten Kämpfen die Hand hielt.

Nicht zu vergessen: Danke an alle meine Pferde, die mich in vielen Jahren begleitet und gelehrt haben, was es heißt, mit diesen Tieren zusammen zu sein, sie auszubilden, zu reiten und sie zu lieben.

Foto: Achleitner